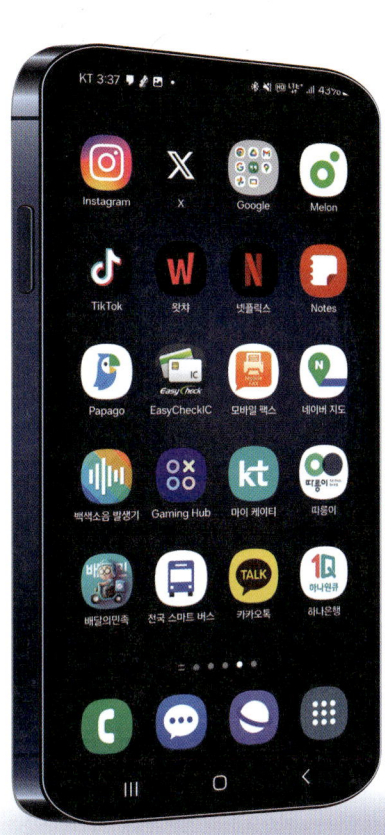

스마트폰 완전 쉽게 배우기!!

세상에서 가장 쉬운
스마트폰 배우기

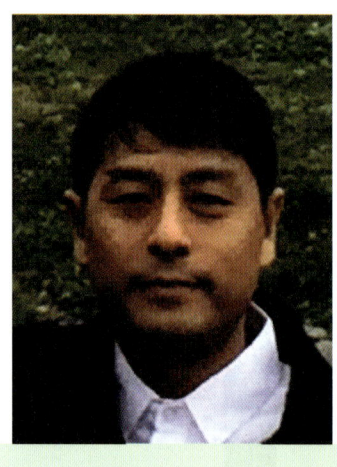

저자 소개

안용봉

- 종로노인종합복지관 정보화교육 전임강사
- 서대문노인종합사회복지관 정보화교육 전임강사
- 가산종합사회복지관 정보화교육 강사
- 양재종합사회복지관 정보화교육 강사
- 과천종합 사회복지관 정보화교육 강사
- 서울당중초등학교 방과후교실(컴퓨터) 강사

- 워드프로세서 1급
- 사무자동화 산업기사
- 정보처리기사
- 청소년지도사 2급
- 사회복지사 2급

💬 **유튜브 채널명** : 안용봉 IT 강의
💬 **유튜브 채널 주소** : www.youtube.com/@itlecture114

※ 이 책은 갤럭시 노트 10+ 안드로이드 버전 12를 기준으로 제작되었습니다.

머리말

안녕하세요, 스마트폰 사용에 관심을 가져주신 여러분을 환영합니다.

저는 지난 27년간 IT 교육 현장에서 수많은 학생과 직장인들을 만나며 그들이 겪는 다양한 문제와 고민을 들어왔습니다. 그렇기에 스마트폰은 그 복잡함과 다양성 때문에 제대로 활용하지 못하면 오히려 불편함을 느낀다는 것을 알고 있습니다.

스마트폰은 이제 우리의 일상에서 떼어놓을 수 없는 필수품이 되었습니다.

우리는 스마트폰을 통해 정보를 검색하고, 사진을 찍고, 다양한 사람들과 소통하며, 심지어 업무까지 처리합니다. 스마트폰 하나로 삶의 거의 모든 부분을 관리할 수 있는 시대에 살고 있는 지금, 그 활용법을 제대로 익히는 것은 선택이 아닌 필수가 되었습니다.

본 도서는 스마트폰의 기본적인 조작 방법부터 시작하여, 유용한 애플리케이션 사용법, 보안 관리, 문제 해결 방법까지 폭넓게 다루고 있습니다. 특히, 최근 스마트폰 활용의 핵심 요소로 떠오른 인공지능 플랫폼과 배달 앱에 대한 내용도 같이 구성하였습니다.

인공지능 플랫폼은 개인화된 추천, 음성 인식, 스마트 홈 제어 등 다양한 기능을 통해 우리의 생활을 더욱 편리하게 만들어줍니다. 배달 앱은 좀 더 다양한 음식을 접할 수 있고 매장으로 오가는 시간을 아낄 수 있어 필수 앱으로 각광 받고 있습니다.

이 도서가 여러분이 스마트폰을 보다 효과적으로 이해하고 활용하는 데 큰 도움이 되기를 바라며, 나아가 스마트폰을 통해 더 나은 일상과 미래를 만들어가는 데 기여할 수 있기를 바랍니다. 여러분의 성장을 응원합니다.

감사합니다.

-저자 안용봉-

CONTENT

Chapter 01
스마트폰 구조

- 스마트폰이란? 008
- 스마트폰 각 부분의 명칭 및 기능 009
- 스마트폰 홈화면 구성 010

Chapter 02
스마트폰 기본 조작하기

- 화면 터치 방법의 종류 011
- 화면 터치 방법 012
- 스마트폰 화면 구조 014
- 스마트폰 화면 구성 014
- 홈 버튼 조작하기 016
- 숨어있는 앱(프로그램) 찾기 018
- 시스템 다시 시작하기(시스템 오류 해결) 020
- 알림 창에서 필수 기능 켜고 끄기 021
- 스마트폰 키패드 글자 입력 022
- 스마트폰에서 특수문자(!, #, ?) 023
- 그 외 특수문자 입력하기 024

Chapter 03
스마트폰 환경 설정하기

- 디스플레이(=화면에 표시) 관련 설정 025
- 소리(음량) 설정 027
- 측면 볼륨 버튼으로 음량 조절 029
- 디스플레이(=화면에 표시) 밝기조정 1번째 방법 030
- 디스플레이(=화면에 표시) 밝기조정 2번째 방법 031
- 와이파이 연결 032
- 스마트폰 인터넷 연결 종류 034

Chapter 04
스마트폰 기본 사용하기

- 연락처에 전화번호 등록 035
- 연락처 전화번호 검색하기 037
- 최근통화 또는 최근기록에서 받은 메시지 보기(삼성폰) 039
- 전화 앱 최근통화 또는 최근기록에서 메시지 보내기 040
- 메시지로 사진 첨부해서 보내기 041
- 수신거절 양해 메시지 보내기 043
- 시계 알람설치 044
- 알람 맞추기 045
- 디지털 훈민정음 설치하고 자판 연습하기 046
- 한글 자판 연습 실행하기 047
- 구글 어시스턴트 설치 049
- 구글 어시스턴트 위젯 바탕화면으로 꺼내기 050
- 구글 어시스턴트(Google Assistant) 사용법 052
- 음성명령으로 정보 검색하기 053
- 음성명령으로 타이머 설정하기 054
- 구글 검색 위젯으로 노래제목 알아내기 056
- 구글 어시스턴트로 메시지 보내기 058
- 구글 렌즈 앱 설치하기 060
- 구글 렌즈 앱 제거하기 061
- 구글 렌즈로 화면 바로 번역하기 062
- 구글 렌즈로 검색하기 063
- QR코드 순화어:정보무늬 064
- QR코드 스캔하기 065
- 스마트폰 카메라 사용법 066
- 갤러리(사진 보기) 069
- 갤러리 앱에서 앨범 보기 070
- 동영상 촬영하기 071
- 갤러리(동영상 보기) 072
- 삼성폰 화면캡쳐 쉽게 하는 방법 073
- 갤러리 앱에서 확인하기 074
- 갤러리 사진 부분 자르기 075
- 갤러리 사진 꾸미기 078

CONTENT

Chapter 05
스마트폰으로 소통하기

- 카카오톡 홈화면 살펴보기 079
- 내 프로필 화면보기 080
- 친구목록 보기 081
- 카카오톡 친구 찾기 081
- 카카오톡 홈화면 메뉴 알아보기 082
- 채팅방 보기 083
- 카카오톡 답장하기 083
- 추천문구에서 선택해서 메시지 보내기 084
- 추천문구 더보기에서 문구 선택하기 084
- 추천문구 더보기에서 영어단어 완성하기 085
- 전송한 메시지 삭제하기 085
- 카카오톡에서 사진 및 동영상 일괄 삭제하기 086
- 카톡친구와 페이스톡(영상통화) 하기 088
- 채팅방알림 끄기 089
- 카카오톡으로 사진 첨부해서 보내기 090
- 카카오톡에서 내 위치 정보 보내기 091

Chapter 06
스마트폰 관리하기

- 데이터 단위순서 092
- 스마트폰 저장공간(창고크기) 확인하기 093
- 컴퓨터 악성코드 094
- 카카오톡, 문자메시지 피싱 주의할 상황 095
- 디바이스 케어(보호) 하기 097

Chapter 07
지도 및 교통

- 카카오맵 설치 099
- 카카오맵으로 지도보기 102
- 카카오맵 지도보기 103
- 음성입력으로 검색창에 검색어 입력하기 105
- 카카오 맵으로 목적지 검색하기 107
- 카카오 맵으로 길찾기(교통편 검색) 109
- 카카오T(택시) 설치 113
- 카카오계정으로 시작하기 115
- 휴대폰번호 인증하기 116
- 호출택시 종류 선택 117
- 카카오택시 호출 취소하기 119

Chapter 08
생활에서 사용하는 앱

- 음력달력설치 120
- 음력달력 일정 등록하기 122
- 음력달력 내용 수정하기 124
- 모바일팩스 설치하기 126
- 모바일팩스로 팩스보내기 129
- 코파일럿 133
- 만보기(ITO Technologies제품) 설치 137
- 만보기 실행 137
- 삼성 음성 녹음 설치 141
- 유튜브에서 영상보기 144
- 유튜브 화면 가로로 돌려 넓게보기 145
- 유튜브에서 채널 검색하기 146
- 유튜브에서 영상 검색하기 147
  - 유튜브 추천 검색어
- 스텔라브라우저로 연결해서 다운로드 받기 149
- 배달의 민족 설치 157
  - 설치완료 후 첫 로그인
- 배달의 민족 회원가입과정 160
- 휴대폰 번호로 재로그인 과정 162
- 배달의 민족 주문하기 165
- 네이버 쇼핑에서 쇼핑하기 175
- 네이버 쇼핑 카드관리 179
- 네이버 쇼핑 물건 구매 순서 182
  - IT 기본용어 187
  - 저작권 188

Chapter 01 스마트폰 구조

 스마트폰이란?

스마트폰(Smart Phone)은 휴대전화와 컴퓨터 기능을 하나로 통합한 모바일 장치입니다. 스마트폰의 성능향상으로 PC로 하던 작업이 스마트폰으로 가능하게 되었습니다. 스마트폰은 프로그램 실행이 좀 더 빠르고 쉬우므로 스마트폰 작업이 점점 더 늘고 있습니다. 대표적인 작업이 폰뱅킹, 이메일, 정보검색 등이 있습니다.

■ **운영체제(OS) 프로그램이란?**

하드웨어와 응용프로그램의
중간역할(운영 프로그램),
기기전체관리

사용자
응용 소프트웨어 : 전화 앱, 카카오톡 앱
운영체제 (안드로이드, 윈도우10)
하드웨어 (스마트폰, 컴퓨터)

■ **응용프로그램=어플리케이션(application)=어플=앱(app)**

예 전화 앱, 메시지 앱, 계산기 앱, 카카오톡, 카메라 앱
운영체제 프로그램에 응용프로그램을 추가로 설치해서 여러 기능을 하게 됩니다.

■ **유심(USIM)/심(SIM)이란?**(이용자 증명 칩)

유심은 범용 가입자 식별 모듈(Universal Subscriber Identity Module)의 약자로서 전화번호 등 사용자의 모든 가입정보가 보관되어 있는 IC카드로 이 유심카드를 꽂으면 '내가 누구입니다' 하고 통신사에 정보를 보내서 전화 통화나 문자 메시지, 인터넷 등의 서비스를 이용할 수 있습니다.

  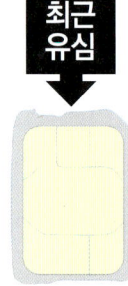

미니 유심   마이크로 유심   나노 유심(최근 유심)

스마트폰 각 부분의 명칭 및 기능

① **측면버튼 (전원버튼)**

짧게 눌러 화면 On/Off

길게 눌러 전원 끄기, 다시 시작, 긴급전화 선택

② **볼륨 버튼(음량 버튼)**
- 홈 화면일 때 : 벨소리 볼륨 조절 및 진동 설정
- 전화 왔을 때 : 무음 모드로 전환
- 통화 중 일때 : 통화 음량 조절
- 음악, 동영상, DMB 등 미디어 재생 중일때 : 볼륨조절
- 알람 소리 설정 시 : 알람 볼륨 설정
- 카메라 실행 시 : 셔터 기능 / 길게 누르면 연속사진 촬영

 스마트폰 홈화면 구성

전원을 켜면 제일 먼저 보이는 화면이 바로 홈 화면입니다.

- **상태 표시줄**
  상태 아이콘 및 알림표시

- **날씨 위젯**
  실행하지 않아도 상시 실행 되고 있는 앱
  (예) 시계, 날씨 위젯 등)

- **바로가기 아이콘**
  설치된 앱들의 아이콘
  (아이콘이란? 앱 몸통과 연결해 주는 그림 단추)

- **고정 메뉴바**
  고정돼 있는 부분으로 가장 자주 사용하는 아이콘 놓는 곳

- **기본 단추**

❶ **실행 앱 보기 버튼** : 실행 한 앱 화면을 볼 수 있는 버튼

❷ **홈 버튼** : 첫화면(홈화면)으로 돌아오는 버튼

❸ **이전 버튼** : 바로 이전 화면으로 돌아가는 버튼
  광고화면이 뜨거나 다른 화면 나오면 이전 버튼을 눌러서 이전 화면으로 복귀

Chapter 02
스마트폰 기본 조작하기

 화면 터치 방법의 종류

1) 터치(탭)(한 번 누르기)
- 사용법 : 화면을 살짝 누릅니다.

2) 길게 터치(롱 탭)
- 사용법 : 화면을 2초 이상 길게 누릅니다.
- 기　능 : 메뉴 등이 실행됩니다.

화면 터치 방법

1) 드래그(스와이프)하기
- 사용법 : 누른 채로 원하는 곳으로 끌기 합니다.
- 기　능 : 아이콘 이동,

2) 두 번 탭
- 사용법 : 화면을 빠르게 두 번 누릅니다.
- 기　능 : 갤러리 사진 등을 확대하거나 축소할 때

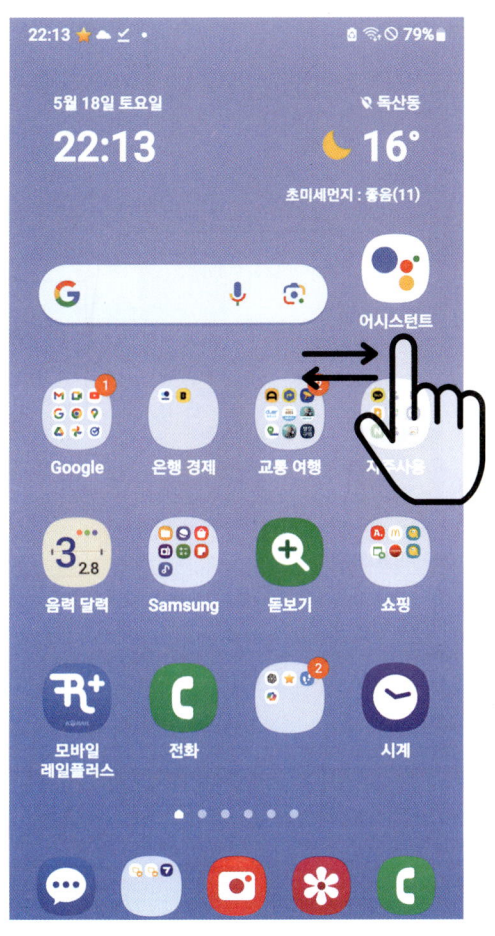 

3) 팅기기

- 사용법 : 손가락으로 누른 채로 밀어버리는 동작입니다.
- 기 능 : 다음 페이지로 이동

4) 핑거 줌(zoom) 실행

- 사용법 : 두 손가락으로 동시에 화면을 벌리거나 오므립니다.
- 기 능 : 갤러리 사진 등을 확대하거나 축소. 홈화면에서 오므리면 아래 배경화면 관련 메뉴가 나타남

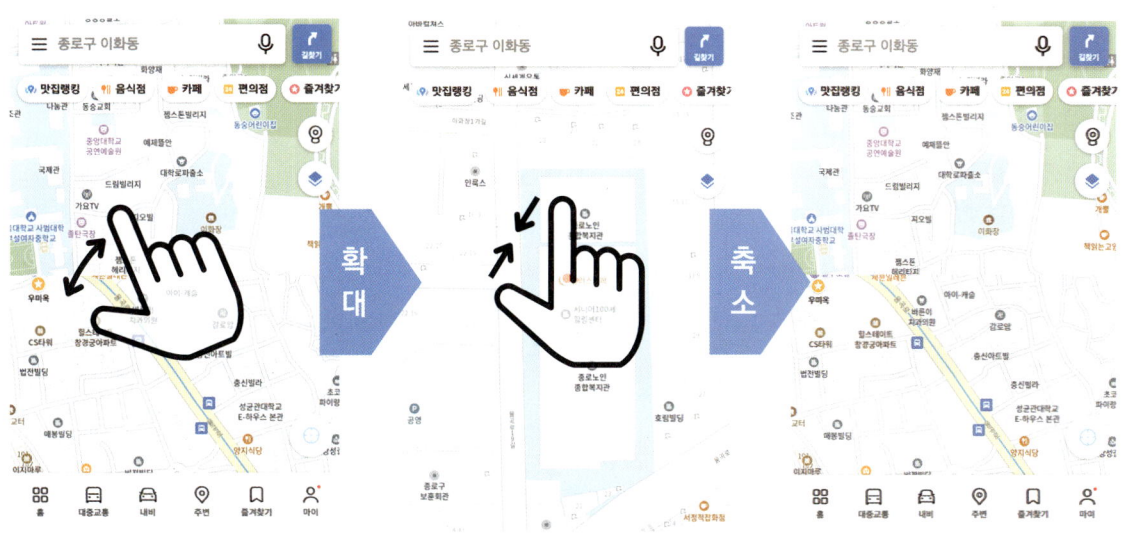

 ## 스마트폰 화면 구조

화면 상단에 검색창이 있으면 원본이 있는 앱스 화면입니다.(원본 화면)
앱스 화면에 있는 아이콘들은
폴더 > 가나다 > ABC 순으로 정렬됩니다.

앱스화면	홈화면
(안쪽 화면)	(바깥쪽 화면)
원본	복사본
아이콘	아이콘
아래층	위층

스마트폰 화면구성

전원을 켜면 홈화면이 보입니다. 이 홈화면은 복사본 아이콘들이 있는 층입니다.

스마트폰 화면 이동

1) 홈화면에서 왼쪽으로 밀어서 옆 페이지로 이동합니다.
2) 이번엔 위로 밀어서 앱스 화면(안쪽 화면) 원본이 있는 화면으로 들어갑니다.
3) 밀어서 왼쪽으로 화면 맨 오른쪽에서 새로 설치된 아이콘 찾기

4) 홈화면을 위로 밀어올리면 앱스 화면 (아래층)으로 이동합니다.

5) 앱스 화면(아래층) 아이콘 원본이 있는 층입니다.

홈 버튼 조작하기

1) 살짝 누르기
　홈화면으로 이동

2) 길게 누르기
　구글 인공지능 실행 됨

3) 구글 인공지능 사용하시면 됩니다.

※ 구글 인공지능 플랫폼

- 구글 어시스턴트

1. 기기 제어 : 스마트 홈 기기 제어, 알람설정 등 일상적인 작업에 뛰어납니다.
2. 음성 인식 : 다양한 음성 명령을 정확하게 인식하고 처리합니다.
3. 연속 대화 : 연속 대화 기능을 통해 여러 명령을 자연스럽게 이어서 수행할 수 있습니다.

- 구글 제미나이

1. 자연어 처리 : 더 복잡한 질문을 이해하고 자연스러운 대화를 이어갈 수 있습니다.
2. 창의적 작업 : 아이디어 생성, 코드 작성, 심층 연구 등 창의적인 작업에 강합니다.
3. 이미지 처리 : 이미지 입력을 처리하고 분석할 수 있습니다.
4. 업데이트 된 정보 : 인터넷 검색을 통해 최신 정보를 제공할 수 있습니다.

제미나이는 구글 어시스턴트보다 더 인간적인 대화 경험을 제공하며, 특히 언어 관련 작업에서 뛰어난 성능을 보입니다. 그러나 아직 일부 기능에서는 구글 어시스턴트가 더 나은 선택일 수 있습니다.

 **숨어있는 앱(프로그램) 찾기**

1) 화면 맨 위에 '휴대전화 검색' 칸을 띄우기 위해 화면을 아래에서 위로 밀어올리기/내리기 또는 앱스단추 ⋮⋮⋮ 누르기

앱스단추

2) 상단에 검색창에 터치
3) 검색창에 앱 이름 '갤러리 (ㄱㄹㄹ)' 입력 후
4) 키보드에서 찾기(돋보기 모양) 키 누르기
5) 검색된 갤러리 선택해서 실행

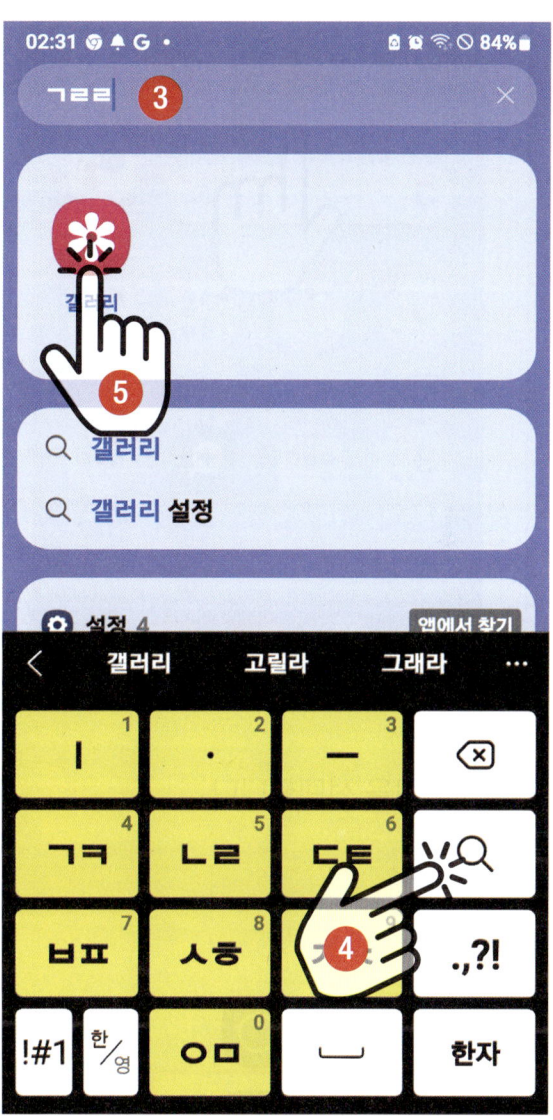

# 시스템 다시 시작하기(시스템 오류 해결)

1) 맨 윗줄(상태바)를 두 번 끌어내립니다.

2) 전원 버튼을 누릅니다.

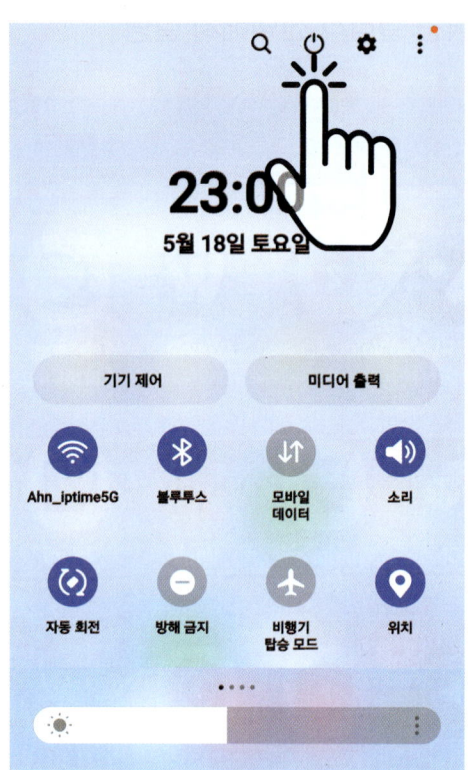

3) 다시 시작을 선택합니다.

4) 화면이 다시 켜집니다.

※ 오류 발생 시 다시 시작을 시행합니다.

 ## 알림 창에서 필수 기능 켜고 끄기

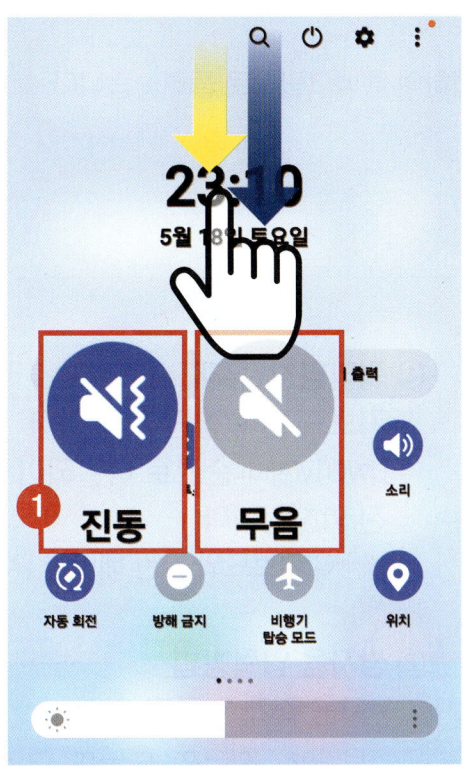

상태표시줄(화면 맨 윗줄)을 2번 아래로 패닝(쓸어내리기)을 하면 설정창(알림창)이 내려옵니다.

1) 벨소리 모드를 진동모드, 무음모드로 변경하기
소리 혹은 진동이나 무음 버튼을 탭하면 순서대로 변경을 할 수 있습니다.
- 소리 > 진동 > 무음 순으로 변경됩니다.

소리모드 : 벨소리, 알림 등이 소리로 알림이옵니다.

진동모드 : 벨소리나 알림이 진동으로 변경됩니다.

무음모드 : 벨소리나 알림이 소리나 진동이 아닌 무음의 형태로 옵니다.

즉, 벨소리도 안 울리고 진동도 안 울리는 아무런 신호가 없는 상태가 됩니다. 단, 부재중 전화는 기록됩니다.

2) 손전등
- 켜기 : 아이콘을 탭하면 아이콘에 색깔 켜지면 스마트폰 후면 플래시에 불빛 들어옴(카메라 플래시 확인)
- 끄기 : 아이콘을 다시 탭하면 아이콘에 색깔이 없어지며 플래시에 불빛 꺼짐

3) 위치
- 내가 있는 위치를 알리기 위해 위치 아이콘을 켜기
- 위치를 켜면 위급상황 시 내 위치를 파악하기 쉬움
- 장소 검색 시 내 주변 기준으로 검색되는 장점이 있음

4) 비행기 모드 (비행기 모양)

- 비행기 모드를 켜면(색깔 있는 상태) 모든 통신 꺼짐(통화, 메시지, 인터넷 안됨)
  (상태표시줄(맨윗줄)에 비행기 모양 그림이 있으면 비행기 모드 상태)

- 비행기 모드를 해제하려면 비행기 모드 아이콘을 탭하여 흑백그림으로 돌려놓습니다.

스마트폰 키패드 글자 입력

쿼티(qwerty) 키패드

① **쿼티명칭 유래**
  키보드 왼쪽 상단 키 배열이 qwerty(쿼티) 순으로 나열되어 붙여진 명칭입니다
  ※ PC 키보드와 자판 배열이 유사

② **쌍자음 입력방법**
  - 자음 길게 누르기
    ㅂ→ㅃ, ㅈ→ㅉ, ㄷ→ㄸ, ㄱ→ㄲ

③ **? 물음표 ! 입력**
  아래 마침표 . 를 길게 눌러서 여러 특수기호 중 ? 선택
  (느낌표!, 쉼표, 입력연습)

천지인 키패드

④ **천지인 명칭 유래**
  - 천(·) 지(ㅡ) 인(ㅣ)으로 조합해서 모음을 만듦

⑤ **쌍자음(ㄲ)입력**
  ㄱㅋ글쇠 3번 누르기
  (ㄲ, ㅃ, ㅆ, ㅉ 입력연습)

⑥ **숫자 입력**
  위에 있는 숫자는 길게 누르면 입력됨. (1,2,3,4,5,6,7 입력연습)

스마트폰에서 특수문자(!, #, ?) 입력하기

1) 주요특수문자만 빠르게 입력하기

천지인 키패드
[.,?!] 길~게 누릅니다.

쿼티 키패드
[마침표 .] 길~게 누릅니다.

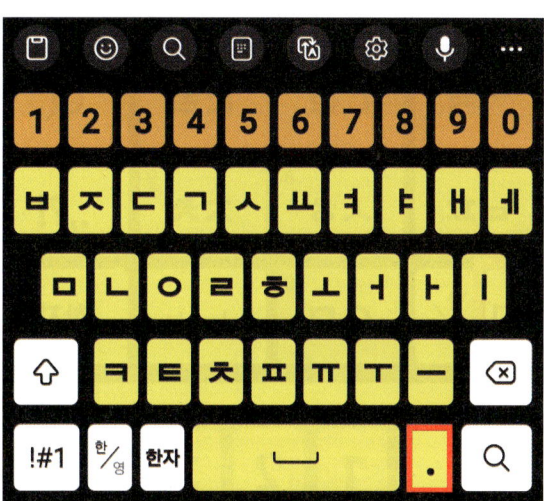

2) 아래와 같은 특수문자들이 나오면 입력하고자 하는 것을 선택해서 입력합니다.

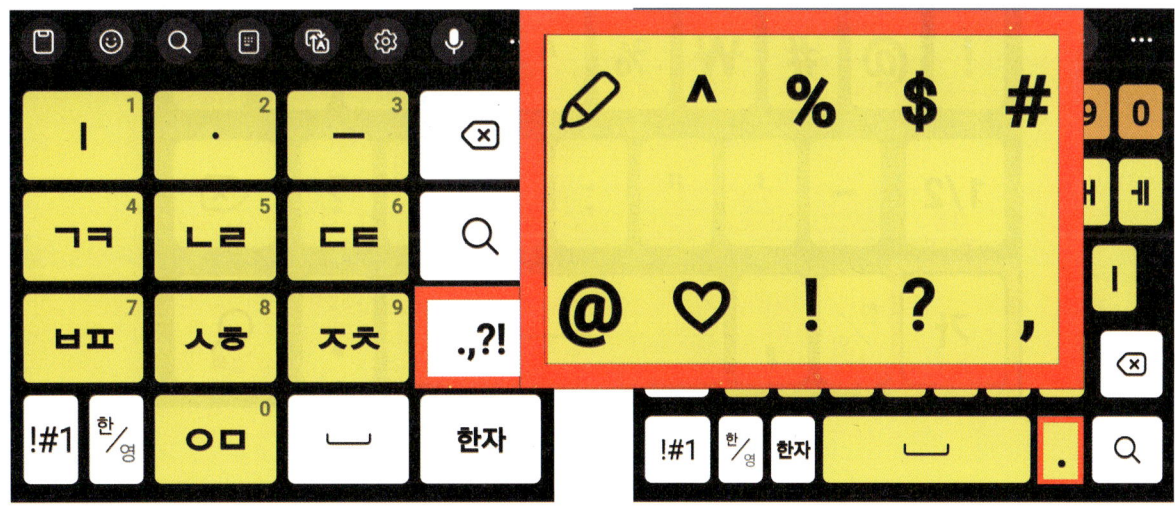

 ## 그 외 특수문자 입력하기

키패드 왼쪽 아래 [!#1] 단추 누릅니다.

 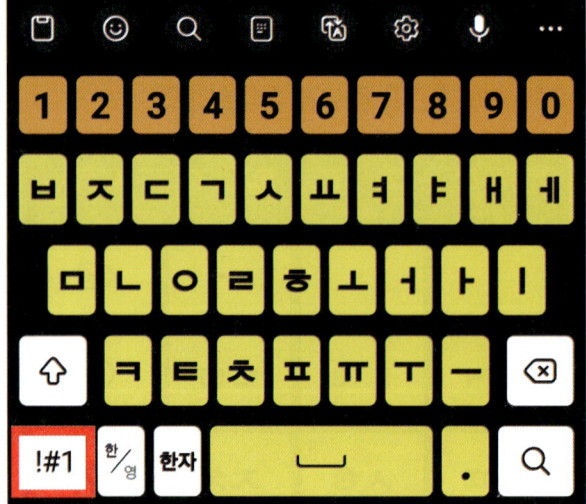

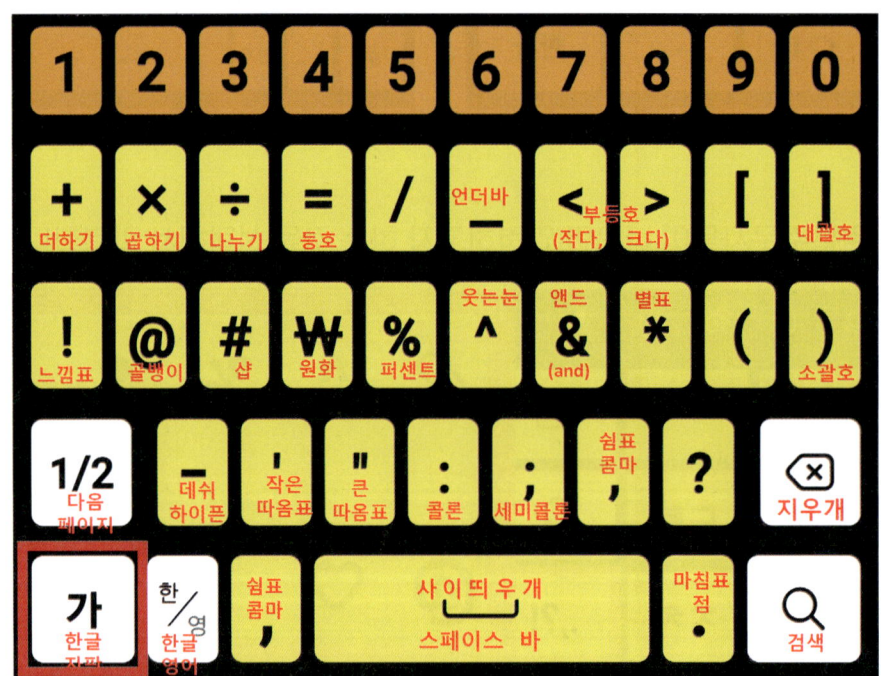

<참고> 다시 한글 키패드로 돌아가려면 [가] 키를 누릅니다.

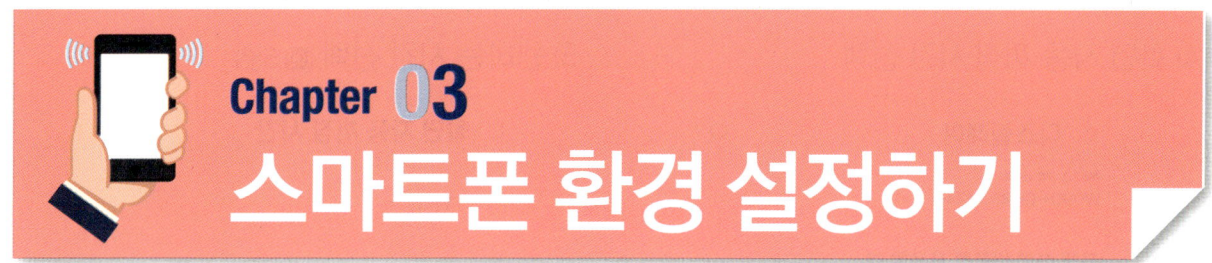

Chapter 03 스마트폰 환경 설정하기

 디스플레이(=화면에 표시) 관련 설정

화면 자동 꺼짐 시간 조정

1) 화면 맨 윗줄(상태표시줄)을
   아래로 끌어내린 후

2) 설정(톱니바퀴 모양)을 선택합니다.

3) [디스플레이(Display)] 또는 [화면] 선택

4) 화면 자동 꺼짐 시간 선택

5) 원하는 시간 선택 (예 5분)

6) 아래 홈 단추 누르기

소리(음량) 설정

① 화면 맨 윗줄(상태표시줄)을 아래로 끌어내린 후 설정(톱니바퀴 모양)을 선택합니다.

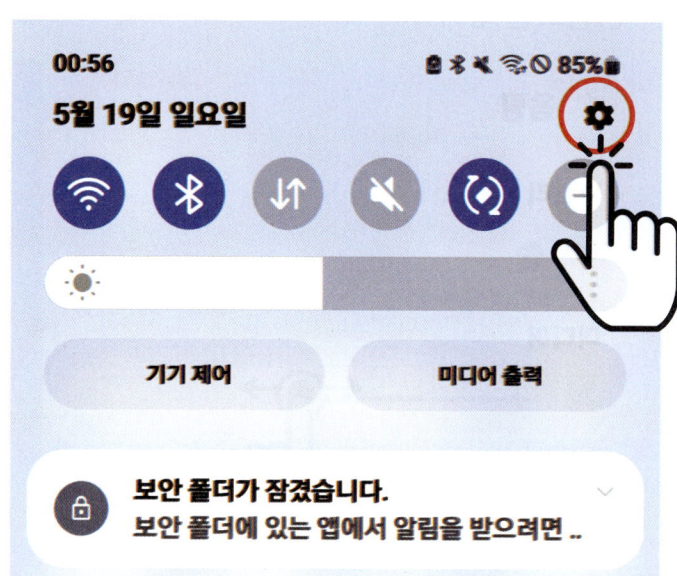

② [소리 및 진동] 메뉴 선택

③ 음량(볼륨)선택
   ㉠ 벨소리 – 전화 벨 소리 음량
   ㉡ 미디어 – 음악, 동영상,
                녹음 음량
   ㉢ 알   림 – 메시지,
                경고 소리 음량
   ㉣ 시스템 – 스마트폰 버튼 음량

④ 각 부분 슬라이더를 밀어서 음량조절 합니다.

⑤ 아래 홈 단추 누르기

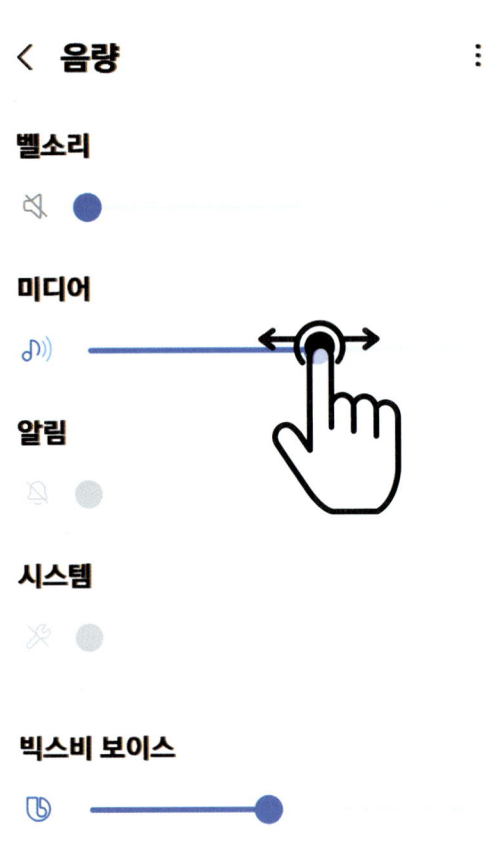

㉠ 벨소리 – 전화 벨소리 음량
㉡ 미디어 – 음악, 동영상, 녹음 음량
㉢ 알 림 – 메시지, 경고 소리 음량
㉣ 시스템 – 스마트폰 버튼 음량

측면 볼륨 버튼으로 음량 조절

1) 측면 볼륨 버튼 누르기

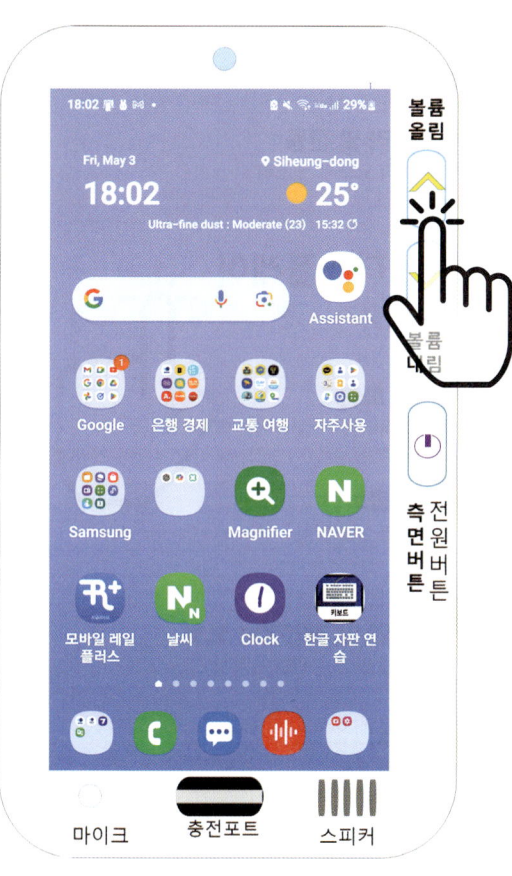

2) 화면에 볼륨 조절 패널이 나타남
   기타메뉴 단추(…) 선택

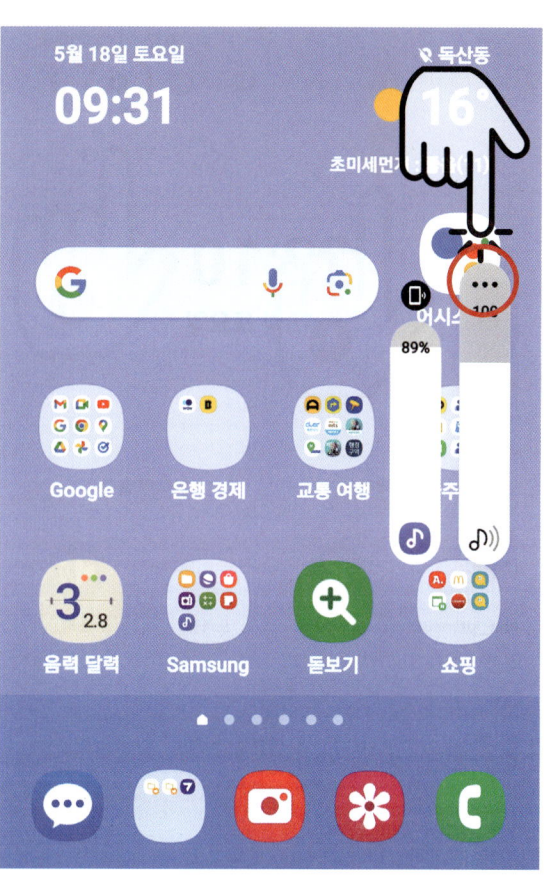

3) 항목 또는 프로그램별로 볼륨을
   조절합니다.

 디스플레이(=화면에 표시) 밝기조정 1번째 방법

1) 화면 맨 윗줄(상태표시줄)을 아래로 끌어내린 후 설정(톱니바퀴 모양)을 선택합니다.

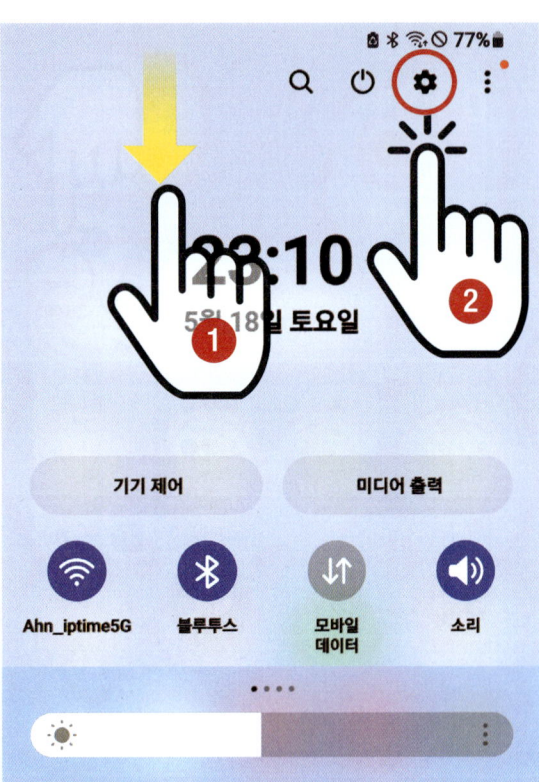

2) [디스플레이(Display)] 또는 [화면] 선택

3) 중간쯤 밝기 조절 슬라이더(●)를 좌우로 밀어서 밝기를 조절합니다.

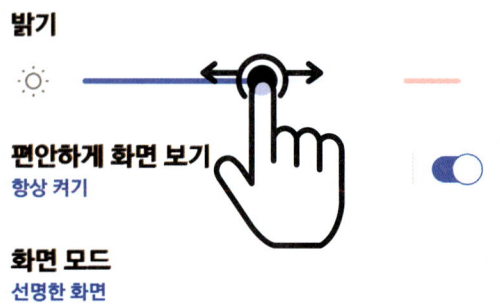

 디스플레이(=화면에 표시) 밝기조정 2번째 방법

1) 화면 맨 윗줄(상태표시줄)을 **두 번** 끌어 내립니다.

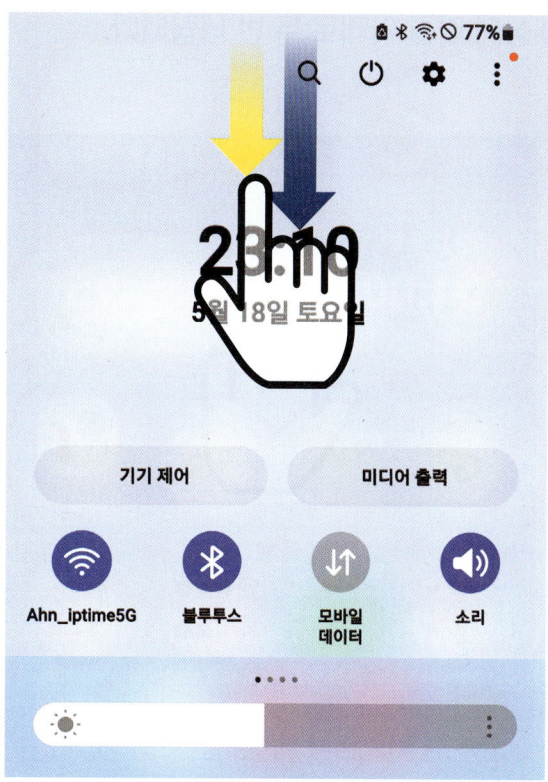

2) 간편 모드로 조절 시 맨 윗줄을 한 번 끌어내리고 다시 한 번 더 끌어내림.

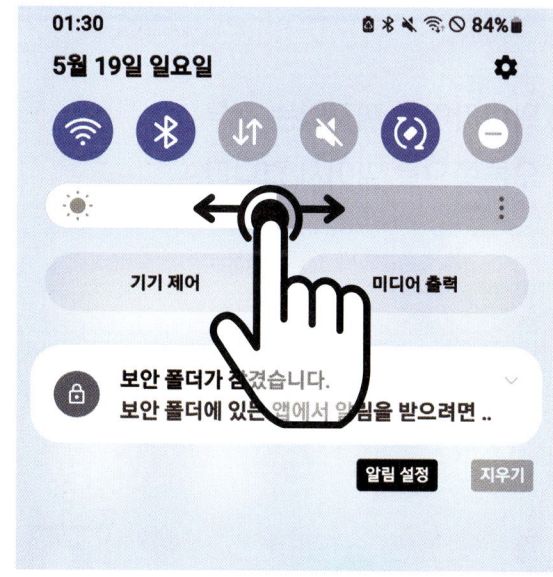

 ## 와이파이 연결

1) 상태 바를 아래로 두 번 내립니다.

2) 부채처럼 생긴 아이콘을 길게 누르거나 아래 이름(예 Wi-Fi)을 짧게 누릅니다.

3) 와이파이가 꺼져있는 경우 오른쪽으로 밀어서 켭니다.

4) 사용가능한 네트워크(와이파이)를 선택합니다.

(예 Seoul Secure 서울시 공공와이파이)

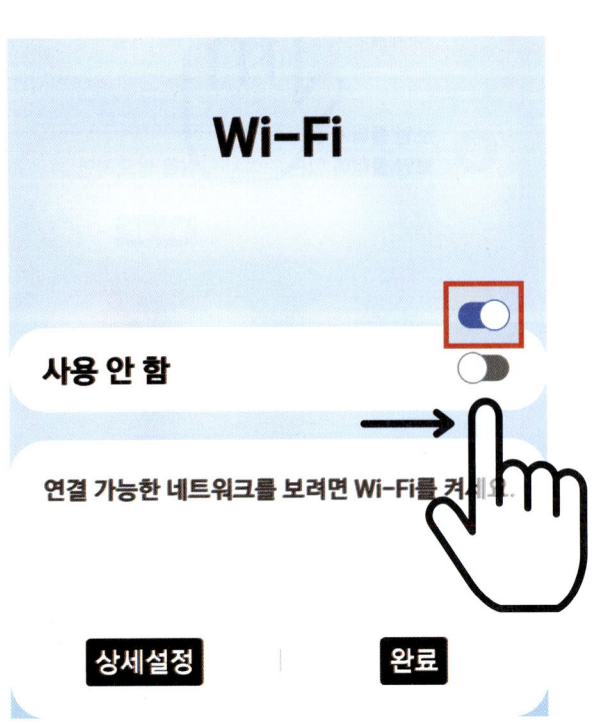

5) 비밀번호 입력창이 뜨면 비밀번호를 입력 후

6) 아래 [연결] 누릅니다.
또는 아래 키패드에서 [완료] 누릅니다.

7) 연결됨 확인합니다.

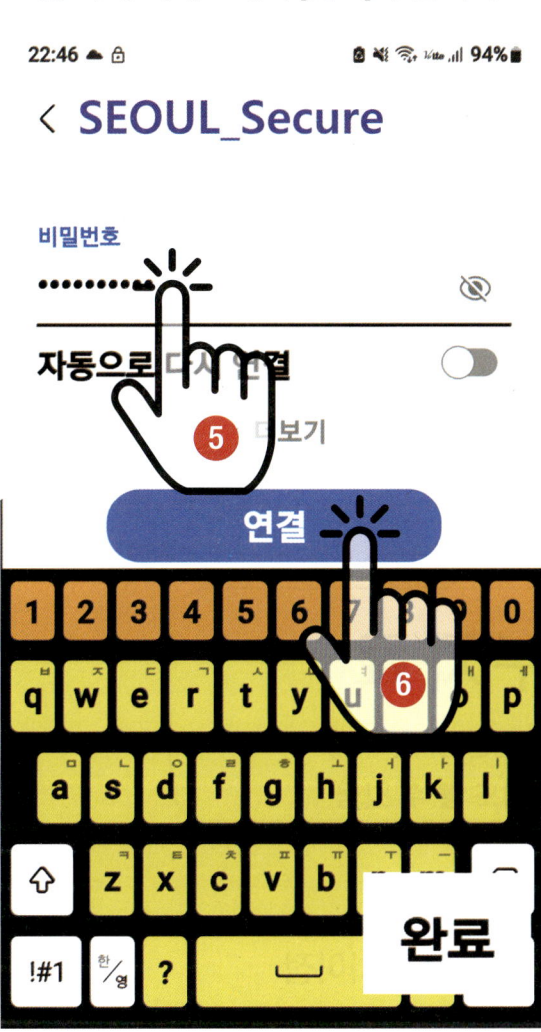

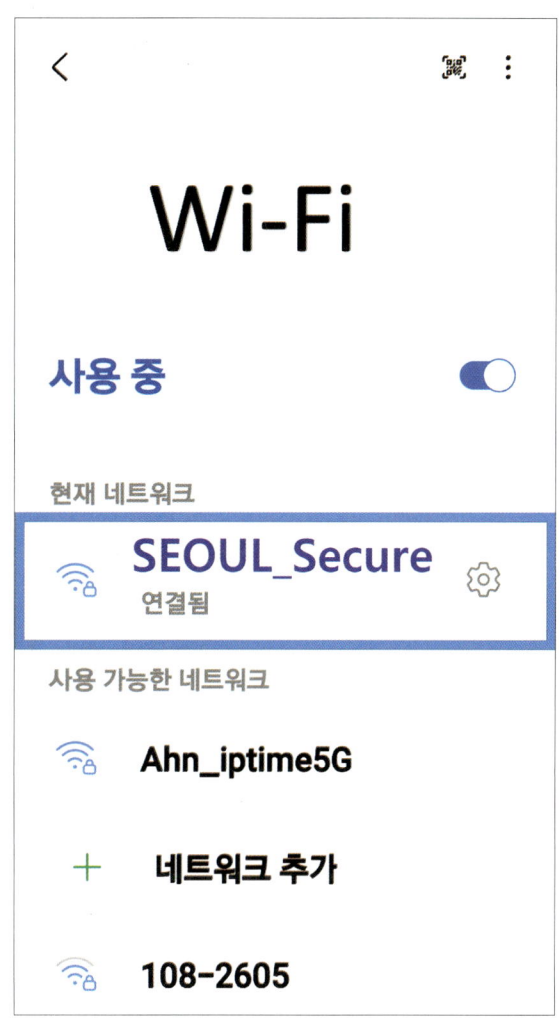

8) 상단 상태 바에 와이파이 아이콘 확인하여 무료 인터넷 사용 여부를 확인합니다. (와이파이 아이콘이 없으면 다른 네트워크 이름으로 연결합니다.)

스마트폰 인터넷 연결 종류

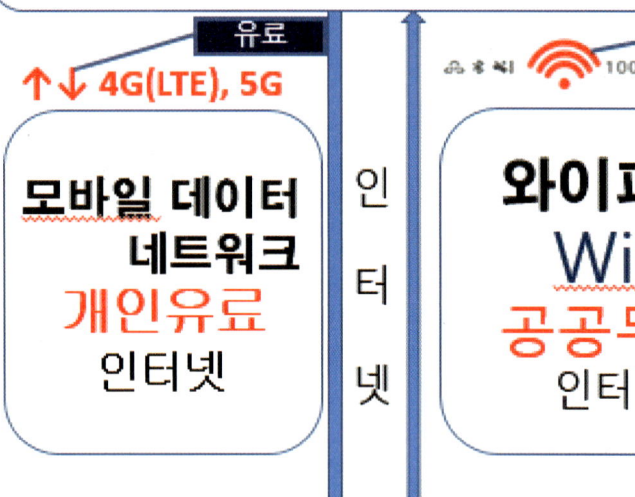

모바일 데이터와 와이파이의 주요 차이점

항목	모바일 데이터	와이파이
연결 방식	셀룰러네트워크 (4G, 5G 등)	무선 라우터를 통한 연결
속도	일반적으로 와이파이보다 느림	일반적으로 모바일 데이터보다 빠름
데이터용량	사용량에 따라 요금이 부과됨	정해진 요금 내에서 무제한으로 사용 가능
이동성	이동 중에도 사용 가능	고정된 장소에서 사용 가능 (공유기 있는 곳)
보안	비교적 안전하지만 통신사 의존	보안 설정에 따라 다름 (암호 있는 와이파이 연결 필요)
사용 요금	요금제에 따라 다양 (데이터 소진 시 추가 요금 발생)	주로 월정액 요금 (인터넷 서비스 제공자)

Chapter 04 스마트폰 기본 사용하기

연락처에 전화번호 등록

1) 전화 앱 실행

2) 아래 [연락처] 패널 메뉴 선택

3) 연락처 추가 (+) 단추 누릅니다.

4) 이름 입력합니다.

5) 전화번호 입력합니다.

6) 저장 누릅니다.

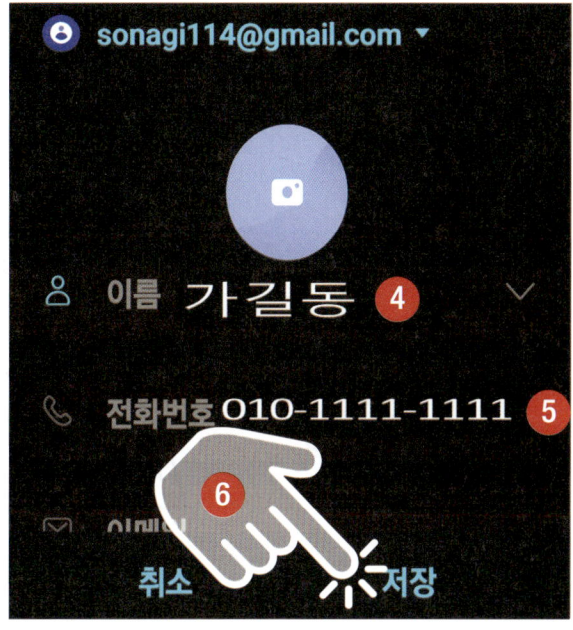

7) 저장완료 확인합니다.

8) 상단에 있는 이전 단추(<)
   선택합니다.

9) 연락처 목록에서 추가한 연락처
   확인합니다. (가나다순)

연락처 전화번호 검색하기

1) 전화 앱 실행

2) 아래 [연락처] 패널 메뉴 선택

3) 연락처 검색 (돋보기모양) 단추를 누릅니다.

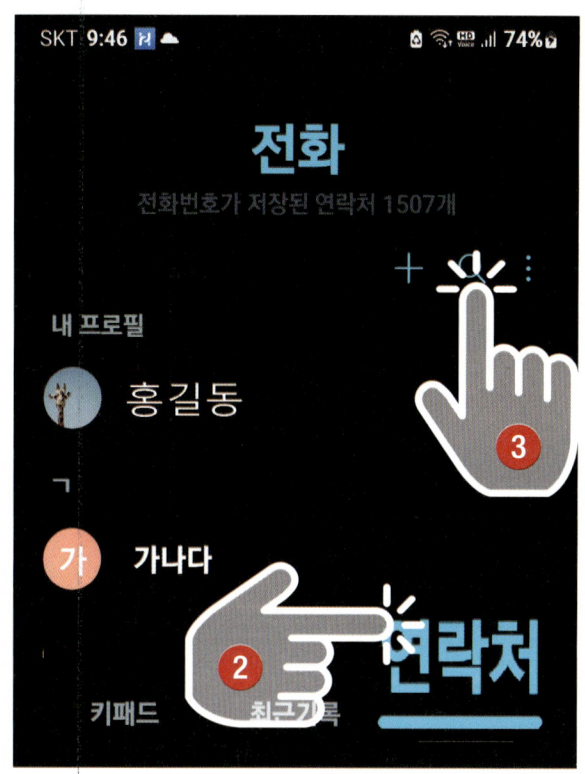

4) 검색창에 터치해서 커서 놓기

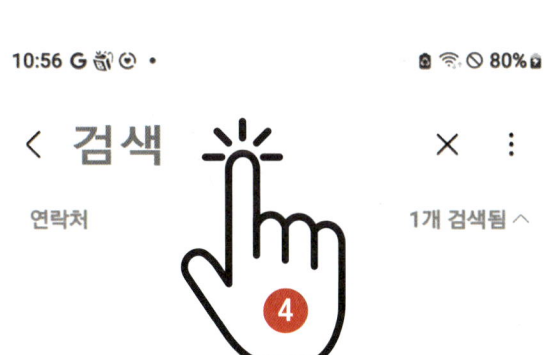

5) 검색할 이름을 입력합니다.

6) 키패드에서 찾기(돋보기모양) 선택

7) 검색한 이름 확인

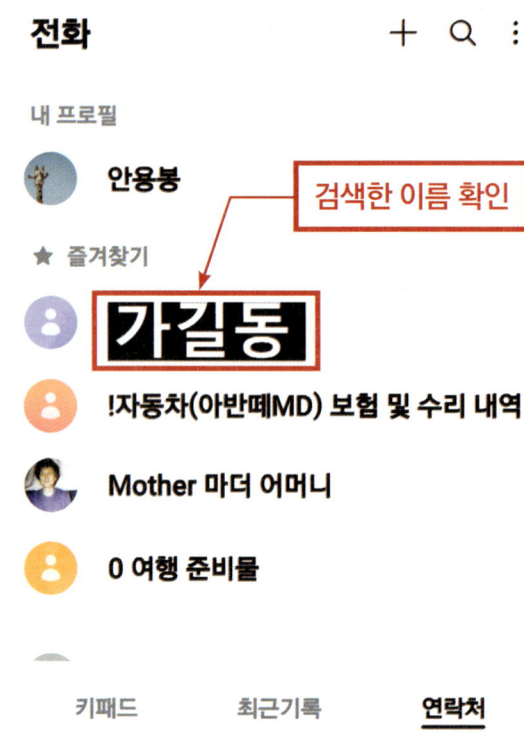

연락처 삭제하기

8) 삭제할 연락처 이름을 길게 누릅니다.
9) 삭제(쓰레기통 모양) 선택

10) [휴지통으로 이동] 선택
11) 삭제됐음을 확인

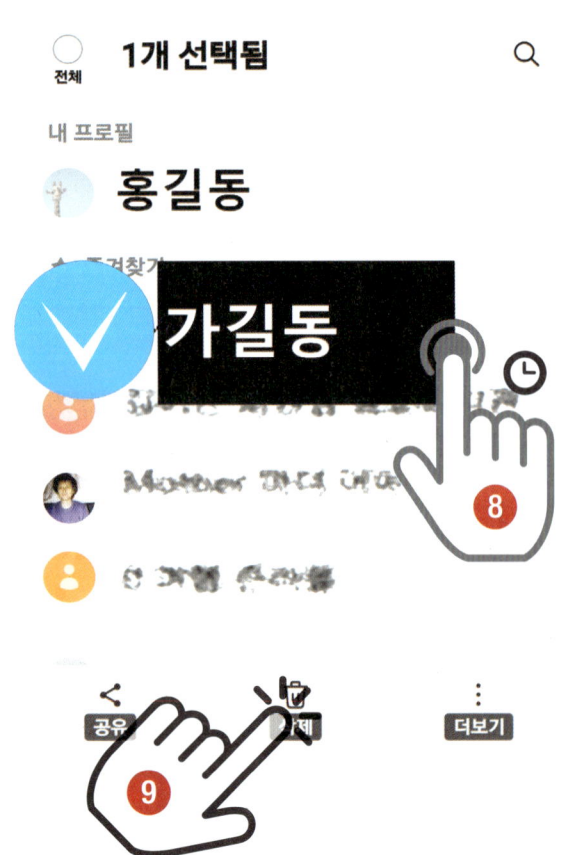
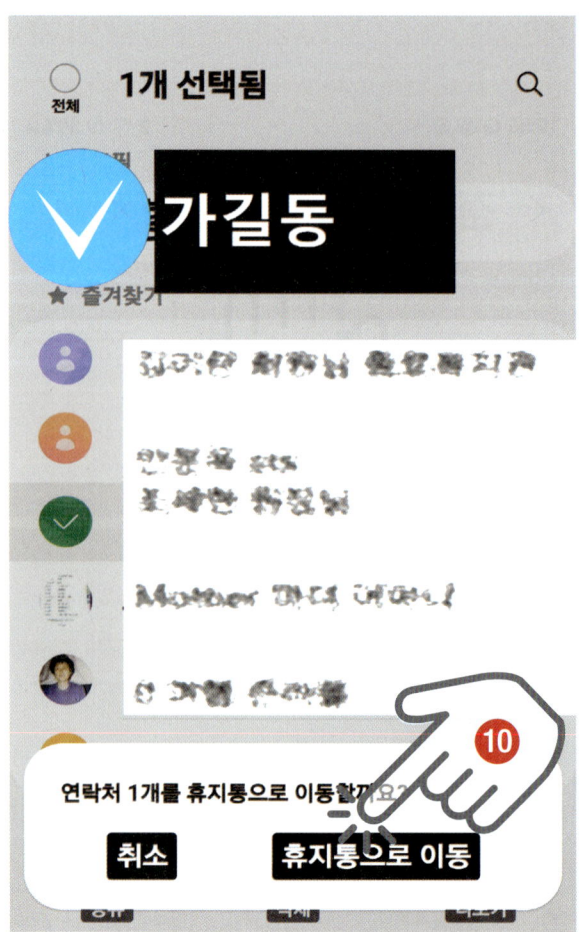

최근통화 또는 최근기록에서 받은 메시지 보기 (삼성폰)

1) 전화 앱 실행

2) 최근기록(최근통화) 선택

3) 메시지 보낸 사람이름 찾아서 누르기

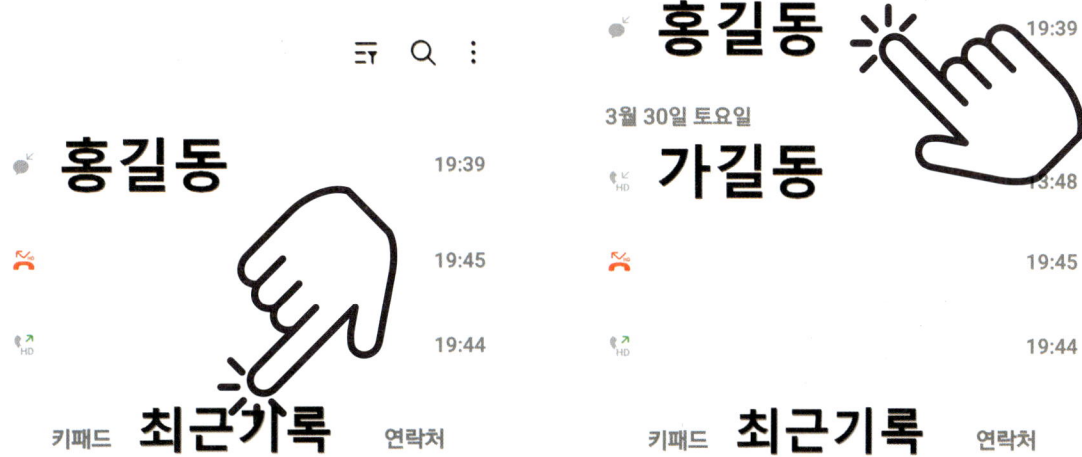

4) 이름 아래 메시지 아이콘 선택

5) 메시지 화면이 뜨면 메시지 내용 확인합니다. (상단 : 보낸 사람 확인)

(중간 : 메시지 내용 확인)

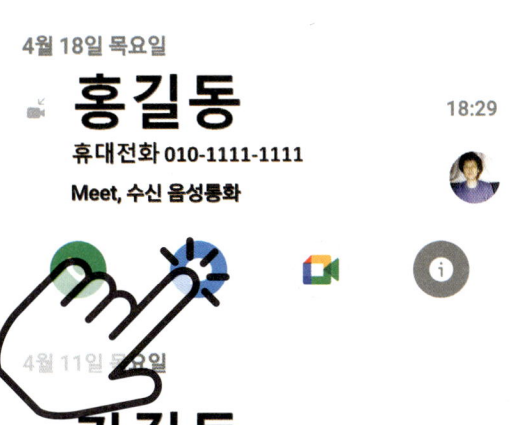

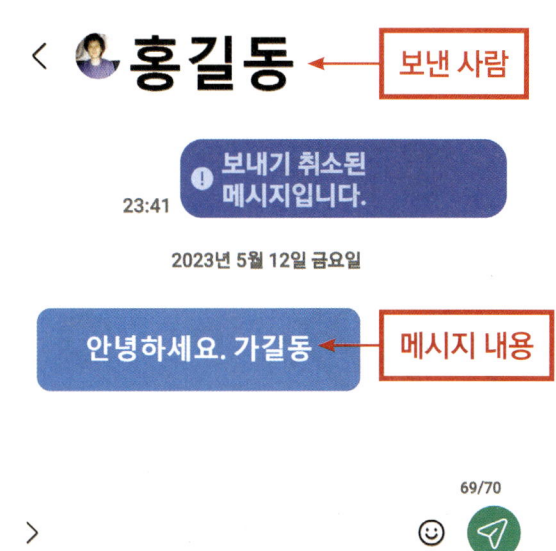

 전화 앱 최근통화 또는 최근기록에서 메시지 보내기

1) 전화 앱 실행

2) 최근기록(최근통화) 선택

3) 메시지 받을 사람 찾아서 선택

4) 이름 아래 **메시지 아이콘** 선택
5) **아래 내용 입력칸에 터치해서 커서(깜빡거림) 놓은 후 메시지 내용을 입력합니다.**
6) **[보내기](비행기모양) 선택**
7) **내용이 위로 올라가면 메시지 보내기 성공, 메시지 확인합니다.**

 메시지로 사진 첨부해서 보내기

1) **>** 버튼을 누르면 사진 관련 버튼들이 보입니다.

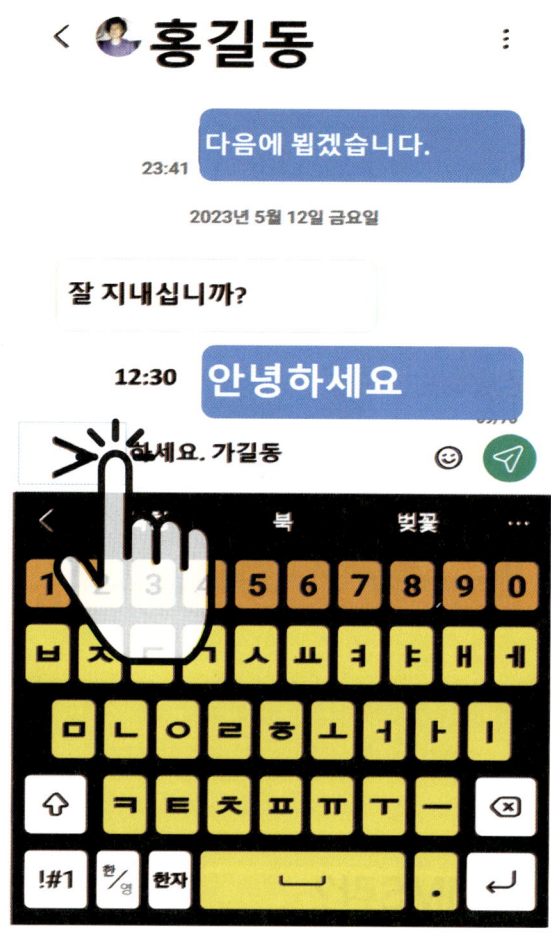

2) 받는 사람이 지정된 상태에서 아래 갤러리 사진 불러오기 단추(갤러리 단추) 선택합니다.

　<참고> 갤러리 : 미리 촬영해 놓은 사진을 갤러리에서 불러오는 모드

　　　　사진촬영 : 즉석에서 촬영하는 모드

3) 아래 보이는 사진들 중 1개 또는 여러 개 선택(동그라미를 누르면 선택됨)합니다.

4) 보내기 단추(비행기 모양) 누릅니다.

5) 입력창 위로 올라가고 보낸 시간이 보이면 사진 전송 완료입니다.

<참고> 선택된 사진 빼려면 우측 상단 - (빼기단추) 선택

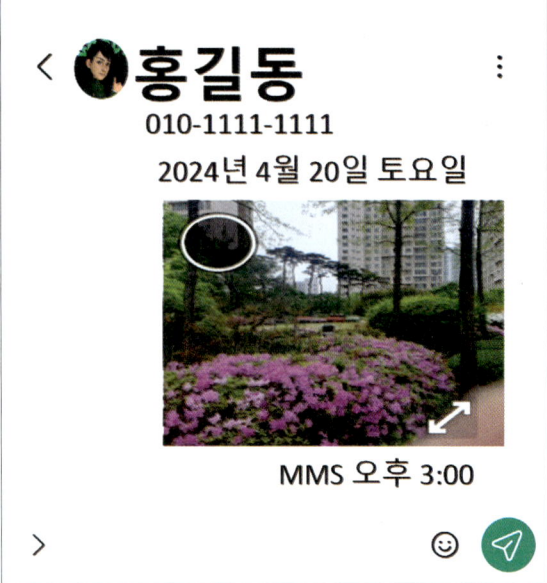

MMS란?

Multimedia Messaging Service의 약자로, 멀티미디어 메시지 서비스를 의미합니다. 이는 글자 위주의 단문 메시지 서비스(SMS)를 확장하여 160개 이상의 문자와 사진, 소리, 동영상과 같은 멀티미디어 메시지를 만들어 보내는 방식입니다. 다시 말해, MMS는 장문 메시지를 전송하고 오디오나 동영상과 같은 멀티미디어를 포함할 수 있도록 해줍니다. 반면, SMS는 단문 메시지 서비스로 핸드폰에서 정해진 글자 수 내의 문자를 의미합니다.

 수신거절 양해 메시지 보내기

1) 전화가 왔을 때 아래 [메시지 보내기] 문구를 위로 올립니다.

2) 양해 메시지 중 1개를 선택합니다.

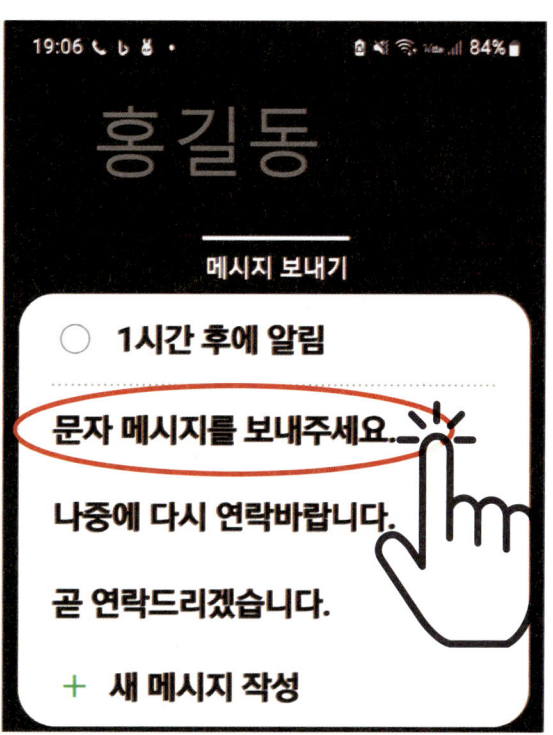

3) 메시지가 전송되면서 전화도 끊깁니다.

4) 상대방에게 선택한 문구가 전송됩니다.

시계 알람설치

1) Play 스토어 앱을 실행합니다.

2) 구글시계 검색 후 [설치] 선택

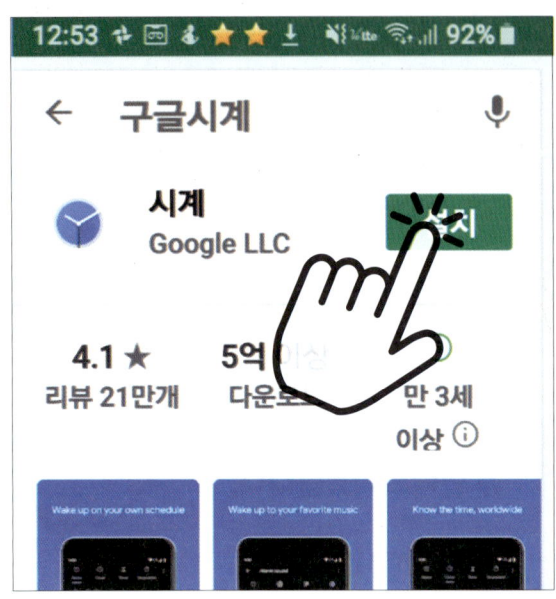

3) 구글 시계 실행

4) 설정해 놓은 시간 켜기/끄기 확인

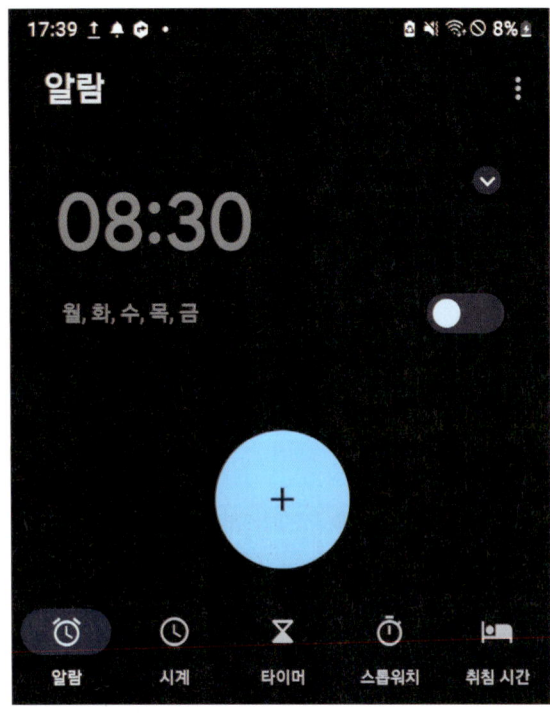

5) 버튼 오른쪽으로 밀어서 켭니다.
   필요 없을 땐 왼쪽으로 밀어서 끕니다.

알람 맞추기

6) 알람 추가 단추 (+) 선택

7) 시간 선택 뒤 분 선택

8) 아래 [확인] 선택

9) 설정된 시간 확인합니다.

10) 알람 끄기- 가운데 시계 그림을 중지 쪽으로 밀어서 끕니다.

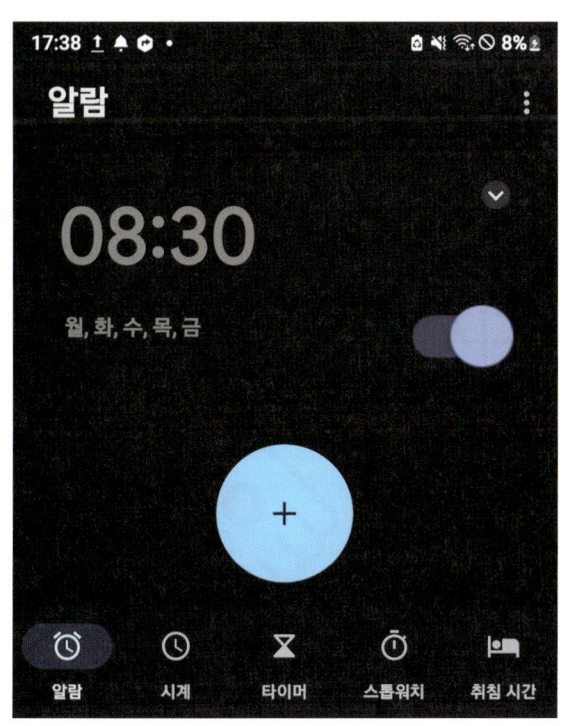

디지털 훈민정음 설치하고 자판 연습하기

1) Play 스토어 앱을 실행합니다.

2) 검색창에 '디지털 훈민정음' 검색합니다.
3) '디지털 훈민정음 키보드 연습' 선택하기

4) [설치] 누르세요.

5) 설치 중 확인합니다.

6) [열기] 선택해서 실행합니다.

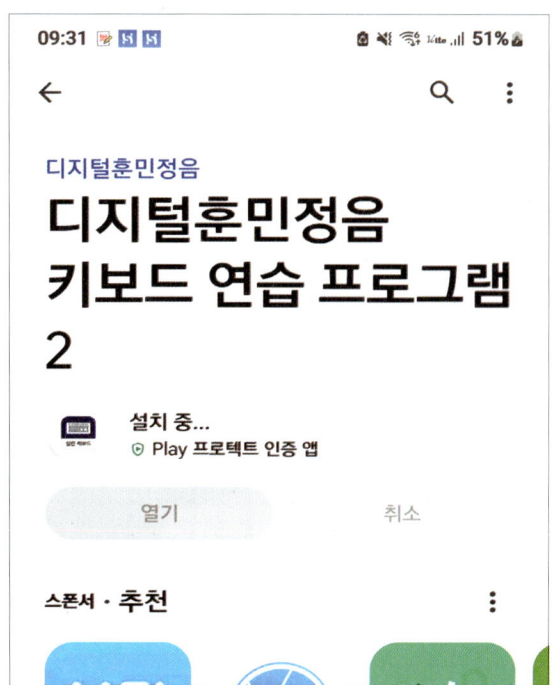

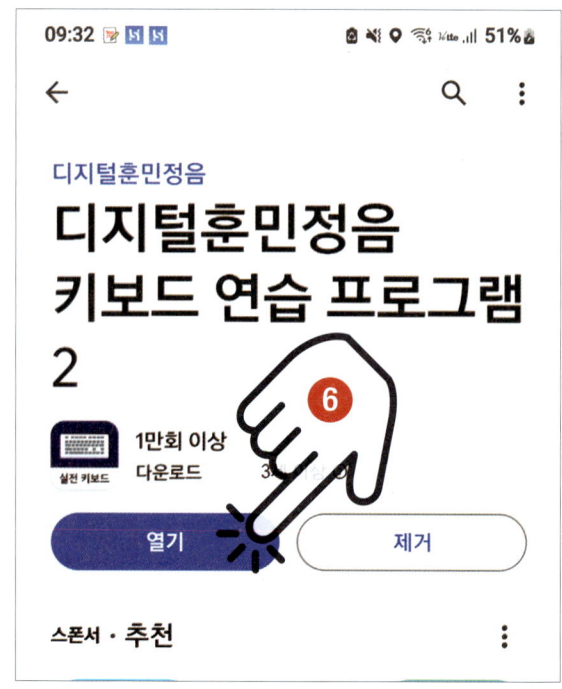

 ## 한글 자판 연습 실행하기

1) 홈 화면에서 한글 자판 연습을 실행합니다.

2) 한글 기본 자판 연습(1단계) 선택

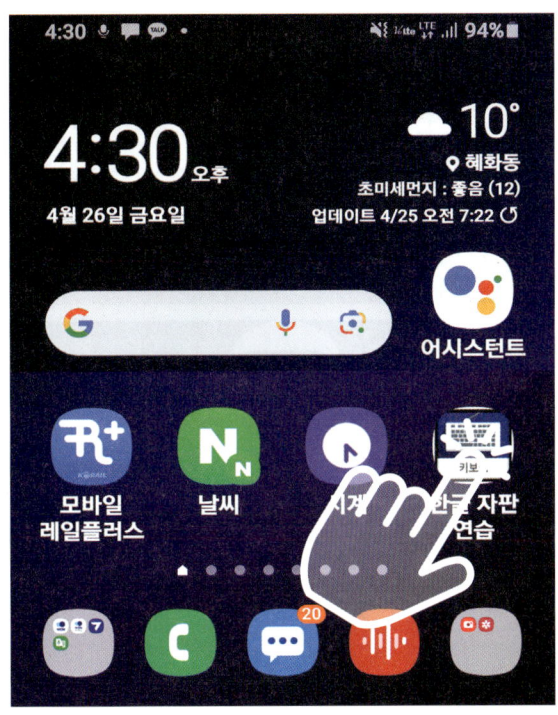

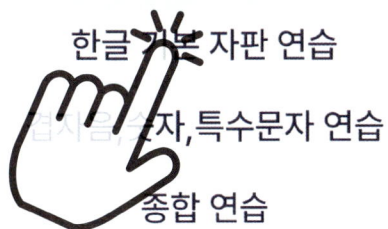

3) 입력창 안에 터치합니다.

4) 커서를 확인합니다.
(참고: 커서 위치에 글자가 입력됩니다.)

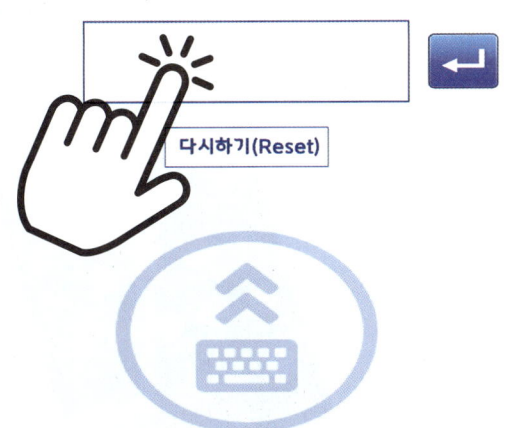

24개 항목 입력이 끝나면 아래와 같은 창이 뜹니다.

5) 다음 단계 : 높은 단계로
   한번 더 : 같은 단계로 반복
   홈으로 : 첫 화면으로 이동

6) 홈 화면으로 복귀합니다.

7) 다음 단계를 선택하여 타자 연습합니다.

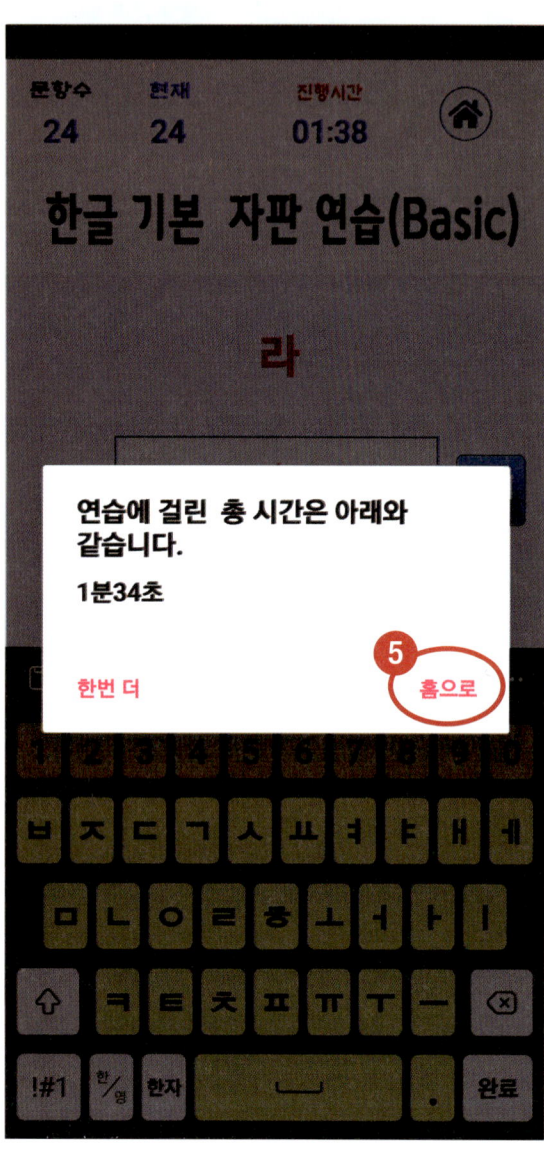

한글 기본 자판 연습

겹자음,숫자,특수문자 연습

종합 연습

구글 어시스턴트 설치

1) Play 스토어 앱을 실행합니다.

2) '구글 어시스턴트' 검색 후
3) 설치를 누릅니다.

4) 설치 완료되면 [열기] 선택

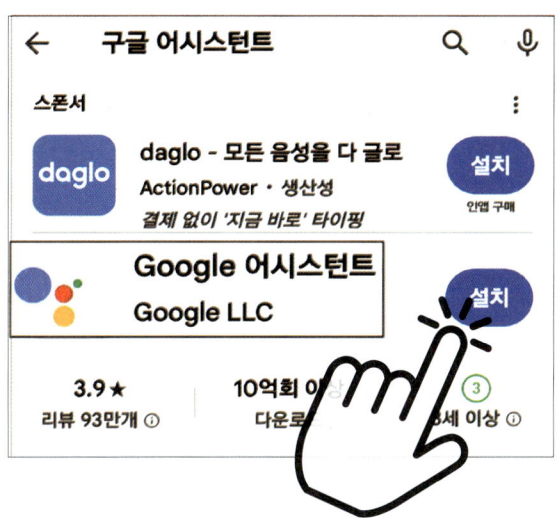

5) 구글 어시스턴트를 실행합니다.

6) 구글 어시스턴트 실행화면
'안녕하세요? 무엇을 도와드릴까요?'
라고 뜨면 명령을 수행하기 위한
대기상태입니다.

 ## 구글 어시스턴트 위젯 바탕화면으로 꺼내기

먼저 어시스턴트 놓을 공간이 있는 화면으로 이동 후

1) 화면에 대고 두 손가락을 오므립니다.

2) 아래 [위젯] 메뉴 선택

3) Google를 찾기 위해 아래 위젯 목록 있는 부분을 위로 밀어 올립니다.

4) Google(구글) 그룹을 찾아서 선택합니다.

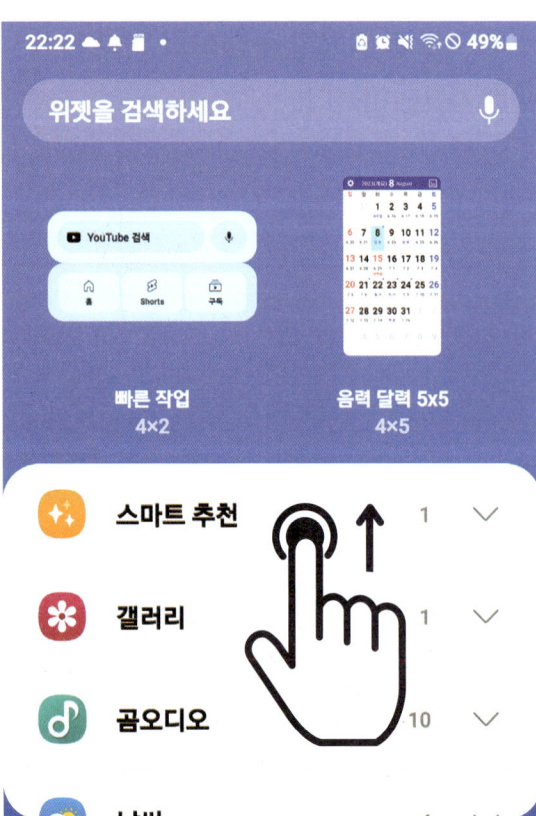
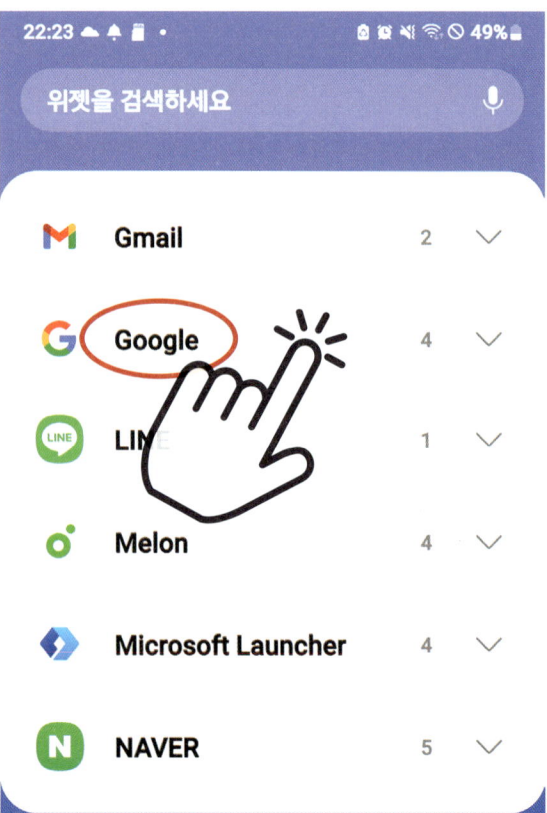

5) 부메뉴중 Google 검색 위젯을 찾아서 길게 누른 상태에서 바탕화면으로 꺼냅니다.

6) 홈 화면이 보이면 빈 공간에 구글 검색 위젯을 놓습니다.

7) 홈 화면에 추가된 구글 검색 위젯을 확인합니다.

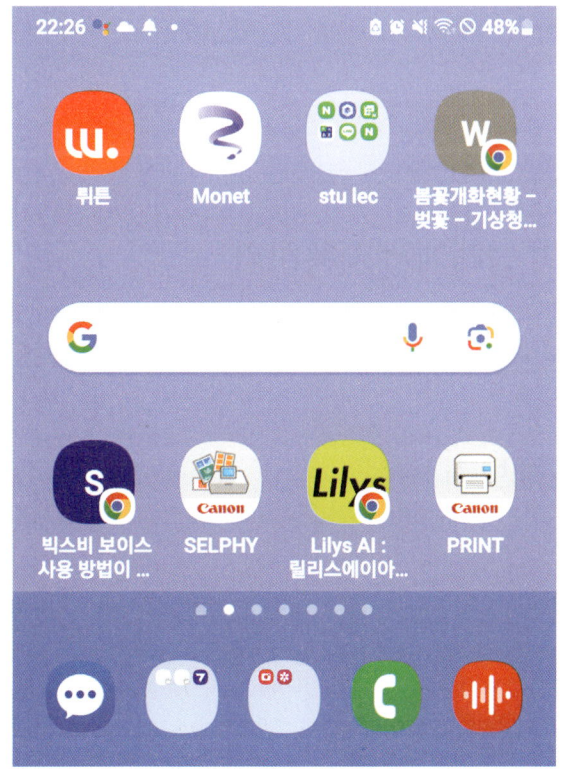

<참고> 위젯이란 상시 실행되고 있는 앱
(예 구글 검색 위젯, 날씨 위젯)

 구글 어시스턴트(Google Assistant) 사용법

1) 어시스턴트 실행을 실행합니다.

2) 아래 '안녕하세요? 무엇을 도와드릴까요?'
   라고 떴을 때 요구사항을 말합니다.

<참고> 프롬프트 작성이란?
　　　　AI(인공지능)에게 지시할 명령문을 작성하는
　　　　것을 말합니다.

알아두세요!!
- 데이터(인터넷)를 사용하므로 와이파이 상태에서 사용하기
- 소리 잘 들리도록 볼륨 크게
- 마이크 위치 미리 알아두기
- 명령어 용어선택은 여러가지를 시도해보기

 **음성명령으로 정보 검색하기**

1) 음성명령을 입력하기 위해 [어시스턴트] 앱 을 실행합니다. 그림과 같이 '안녕하세요? 무엇을 도와드릴까요?' 라고 뜨면 '100제곱미터가 몇 평이야?' 라고 말합니다.

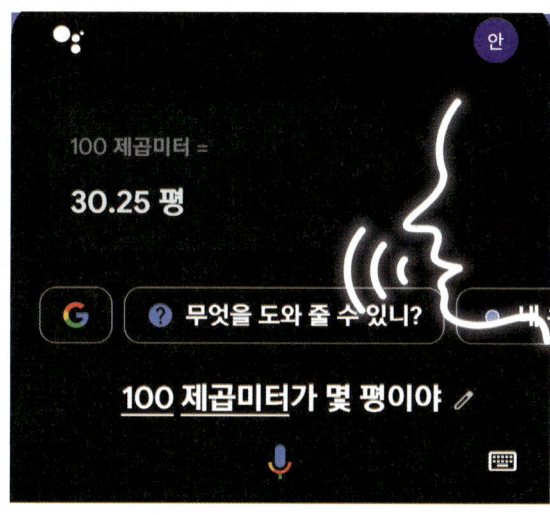

2) 음성명령이 끝나면 화면과 같이 '100제곱미터 = 30.25평' 이라는 결과를 보여줍니다.

　※ 주의 : 데이터 사용하므로 와이파이상태에서 사용하기
　　- 소리 잘 들리도록 볼륨 크게　　- 마이크 위치 미리 알아두기

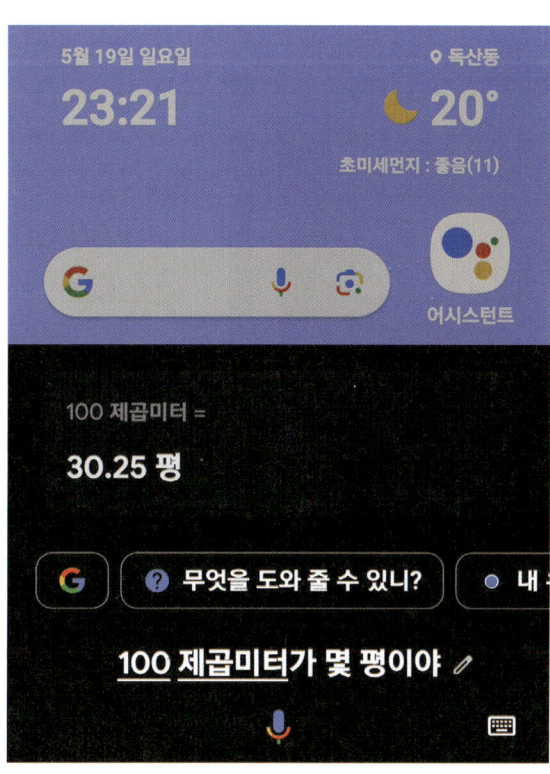

 ## 음성명령으로 타이머 설정하기

1) 음성명령을 입력하기 위해 [어시스턴트] 앱을 실행합니다.
   그림과 같이 '안녕하세요? 무엇을 도와드릴까요?' 라고 뜨면 '10분 타이머' 라고 말합니다.
2) 음성명령이 끝나면 화면과 같이 타이머가 실행됩니다.

 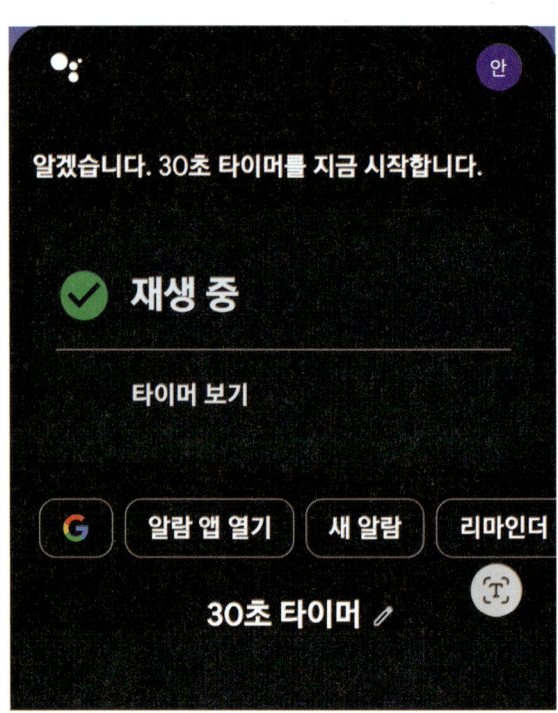

3) 타이머가 울릴 때 아래와 같이 화면이 나타납니다.
   2가지 경우 각각 다음과 같이 소리를 끕니다.

화면 꺼져 있을 경우 :
가운데 X 표시를 잡아서 좌우로 밀기

화면 켜져 있을 경우 :
[해제] 누릅니다.

구글 어시스턴트
부르는 방법

① 구글 어시스턴트 앱 실행
② [홈]버튼 길게 누르기
③ 내 목소리 인식 시킨 후 '헤이 구글'로 부르기

구글 인공 지능 기능1 (스마트폰 조작기능)

[홈] 버튼 길게 눌러서 어시스턴트 또는 제미나이 실행 후 아래 예문으로 연습합니다.

	명령어 예문
전화 발신	● 혜화동 주민센터 전화번호 ● 이마트 청계천점 전화번호 ● 114에 **(스피커폰으로)** 전화해(스피커 켜지면서 전화연결됨) ● **아들**한테 전화해 **(연락처에 있는 이름으로)**
알람	● 10분 타이머 (10분 뒤에 울림) 　(알람소리 끄기:　화면 꺼져 있을 때 X 는 누른채로 오른쪽 밀기) 　　　　　　　　화면 켜져 있을 때 [해제] 찾아서 누르기 ● 타이머 열어줘(타이머 열리면 [삭제] 또는 [취소] 눌러서 취소) ● 내일아침 8시에 알람　● 매일아침 8시에 알람 ● 알람 열어줘 (알람 취소할 시간 끄기)
볼륨 조절	● 음악볼륨 50, 음악볼륨 100 (음악 또는 말소리 볼륨 조절) ● 통화 음량 최대로
앱 실행	● 계산기 실행해　●카카오톡 실행해　● 손전등 켜/ 꺼 ● 메시지 읽어줘(안 읽은 메시지 읽어주는 기능)

 ## 구글 검색 위젯으로 노래제목 알아내기

1) 구글 검색 위젯에서 마이크 모양 단추 선택
2) 화면이 바뀌면 맨 아래 [노래 검색] 선택

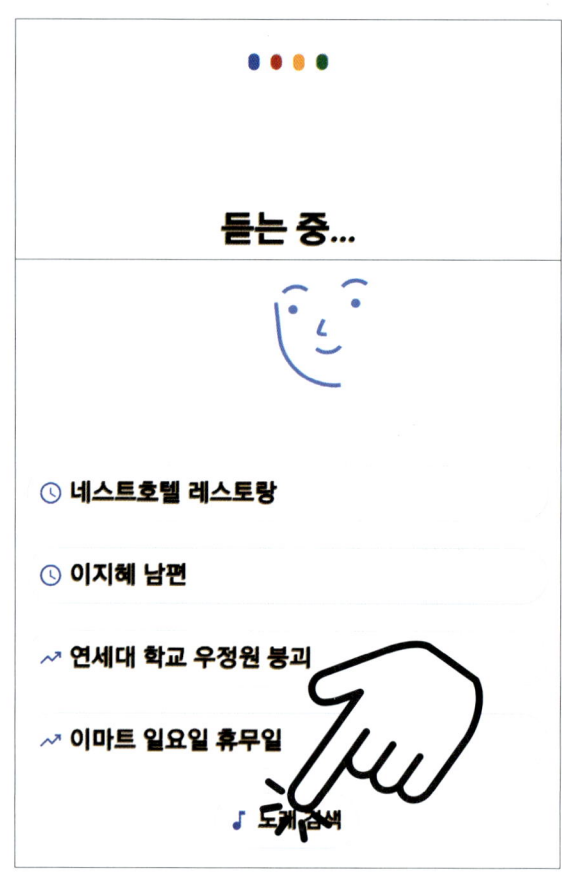

3) '노래를 틀거나 부르거나 흥얼거리세요.' '좀 더 듣는 중' 기다리시면 됩니다.

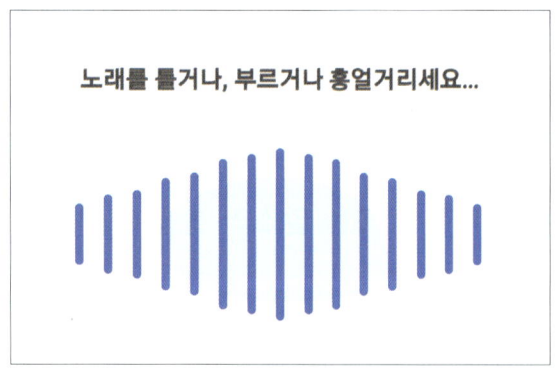
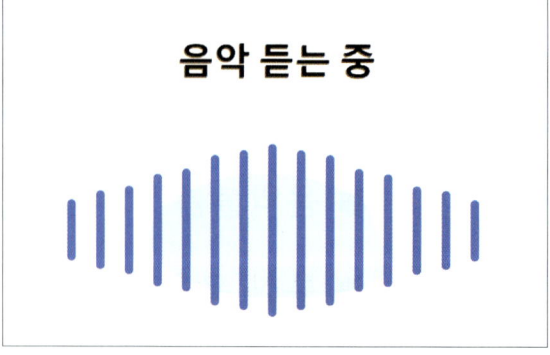

4) 완료되면 아래와 같이 노래제목이 뜬 화면이 나타납니다.
  (제목이 안보이시면 화면을 위로 올려봅니다)

 ## 구글 어시스턴트로 메시지 보내기

1) 어시스턴트를 실행합니다.

2) '무엇을 도와드릴까요?'라고 뜨면 준비가 된 상태입니다.

3) '홍길동한테 메시지 보내줘' 음성 입력합니다.(참고 : 연락처에 있는 이름으로 요청해야 합니다.)

아래와 같은 메시지 창이 뜨면

4) 메시지 작성 위해 메시지 칸을 터치합니다.

5) 메시지 작성합니다.

(키패드로 직접 작성하는 것이 좋습니다. 보낸사람 이름까지 입력합니다.)

6) 화면을 위로 조금 올려서 [보내기] 찾아서 선택하면 메시지 보내기 완료됩니다.

(내가 쓴 내용 입력창 위로 올라가고 보낸 시간이 보이면 메시지 보내기 성공입니다.)

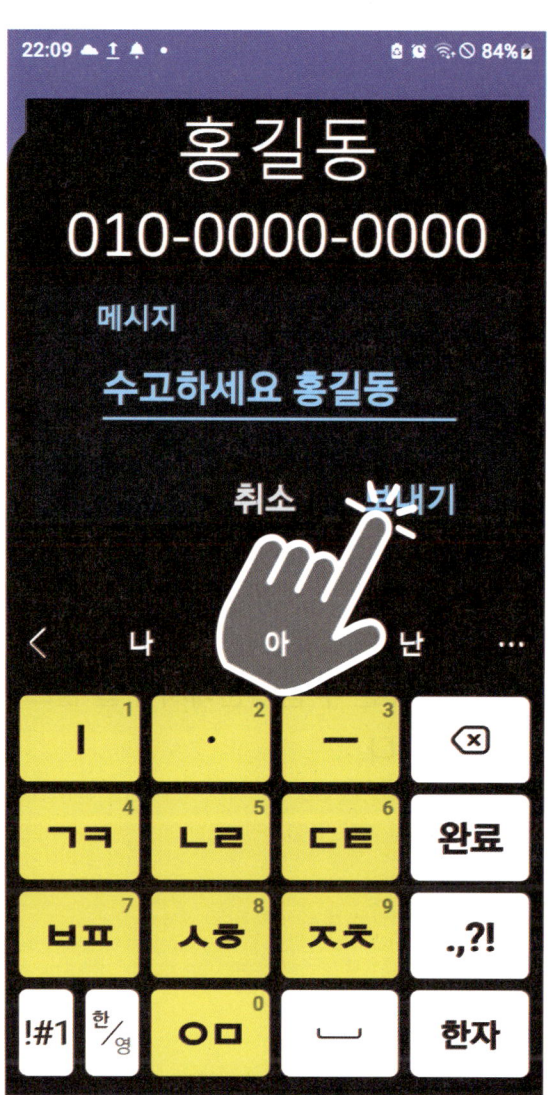

구글 렌즈 앱 설치하기

1) 플레이 스토어 실행합니다.

2) 플레이 스토어 검색창에 구글 렌즈 입력합니다.

3) 아래 검색단추(돋보기 모양) 누릅니다.

4) [설치] 선택

5) [열기] 또는 [사용] , [업데이트]로 바뀌면 설치 끝입니다.

6) 홈 단추 누른 후 홈화면에서 구글 렌즈를 실행합니다.

 ## 구글 렌즈 앱 제거하기

1) 구글 렌즈 아이콘을 길게 누릅니다.

2) 설치 삭제 선택하면 앱 전체 삭제됩니다.

<참고> 홈에서 삭제는 아이콘만 삭제됨

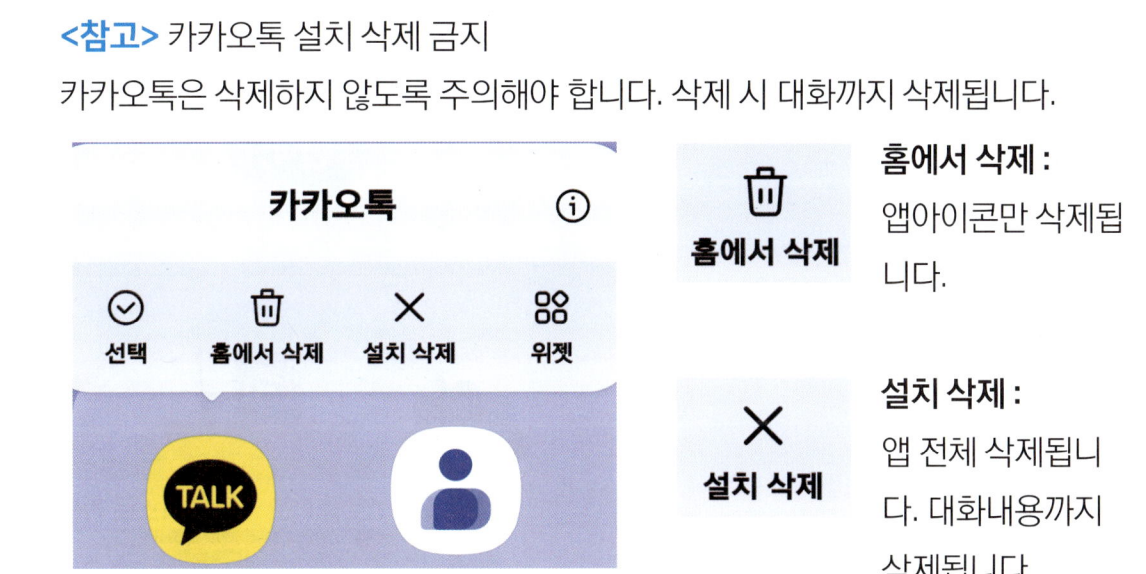

<참고> 카카오톡 설치 삭제 금지

카카오톡은 삭제하지 않도록 주의해야 합니다. 삭제 시 대화까지 삭제됩니다.

홈에서 삭제 : 앱아이콘만 삭제됩니다.

설치 삭제 : 앱 전체 삭제됩니다. 대화내용까지 삭제됩니다.

 ## 구글 렌즈로 화면 바로 번역하기

1) 구글 어시스턴트 위젯에서 구글 렌즈
   (카메라모양)선택

2) 렌즈화면이 뜨면 아래[번역] 메뉴를
   선택해야 번역 기능을 이용할 수 있습니다.

3) 번역하고자하는 글자가 화면에 보이면
   자동번역됩니다.(언어 자동 감지함)

구글 렌즈로 검색하기

사물이름 알아내기

1) 구글 어시스턴트 중 구글 렌즈(카메라모양) 선택
2) 렌즈 화면 뜨면 아래 [검색] 메뉴를 선택하시면 사물 이름 알아낼 수 있습니다.

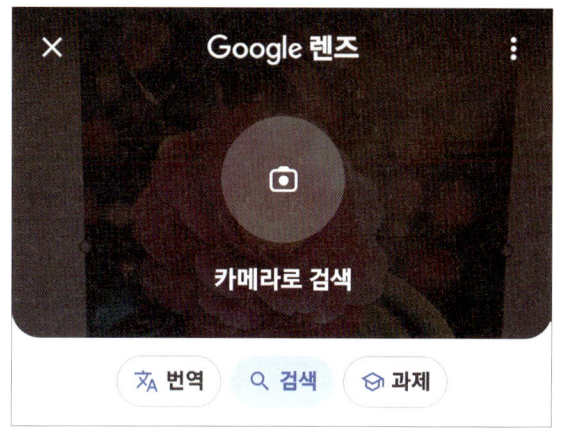

사물이름 알아내기 순서

3) 이름을 알고 싶은 사물에 초점을 맞추고 셔터를 눌러서 촬영합니다.
4) 찍은 사진과 비슷한 사진들이 아래쪽에 검색되면서 해당 사진의 이름을 알아낼 수 있습니다.

<참고>

바로 사물이름이 안 뜨면 화면을 위로 올리다보면 사물 이름이 보입니다.

QR코드 순화어: 정보무늬

QR코드(빠른 반응(이동))란 무엇인가?
정의 : QR 코드는 "Quick(퀵) Response(리스판스)"
　　　　　　　빠른　　　　반응(이동)
의 약자로 스마트폰 등 QR 코드 리더기로 스캔(뜻 훑기, 읽기)
하여 정보가 있는 페이지로 빠르게 이동할 수 있는 기술

QR코드 스캔(읽기) 해서 정보가 있는 페이지로 바로 이동하기.
① 구글 렌즈 또는 카메라 앱 실행
② 카메라 화면을 QR코드 쪽에 가져다댄다.
③ 화면에 QR코드가 보이면서 영어주소(URL)이 보임
④ 영어주소(URL) 를 누르면 정보가 있는 페이지로 이동함

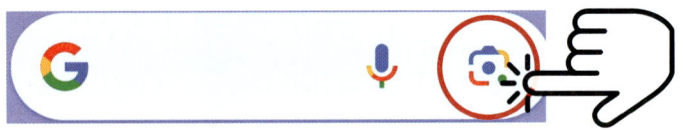

<참고> URL　(**U**niform　**R**esource　**L**ocator)
　　　　유알엘　표준형　　　자원　　위치 식별자
　　　→ 자료가 있는 위치 주소 를 뜻함

예 http://www.youtube.com/movie/Ben-hur
　　　　유튜브 서버주소/영화방/영화 벤허 동영상 파일
즉 위 영어주소는 영화 벤허 동영상 파일이 있는 위치를 나타내는 URL 입니다.

<참고> 코드란 : 정보를 가진 암호 형식의 문자.

QR 코드가 정보검색에 빠른 이유
제품에 대한 정보를 보려면 스마트폰 실행 후 인터넷에 들어가서 제품을 검색해서 찾아가거나 페이지 주소를 직접 입력해서 가야하는데 QR코드를 스캔하면 페이지 주소가 자동으로 입력되면서 정보가 들어있는 페이지로 빠르게 이용할 수 있습니다.

QR코드 스캔하기

1) 구글 어시스턴트 중 구글 렌즈(카메라모양) 선택

2) 카메라 화면을 QR코드 쪽에 가져다댄다.

3) 화면에 QR코드가 보이면서 영어주소(URL)이 보임

4) 영어주소(URL)를 누르면 정보가 있는 페이지로 이동함.

스마트폰 카메라 사용법

스마트폰 촬영 시 파지법

스마트폰을 가로로 놓고 촬영화면에 손가락이 닿지 않게 위·아래 부분을 잡습니다.
화면 가운데를 살짝 터치하면 초절이 맞춰지며 조절자가 화면에 보임

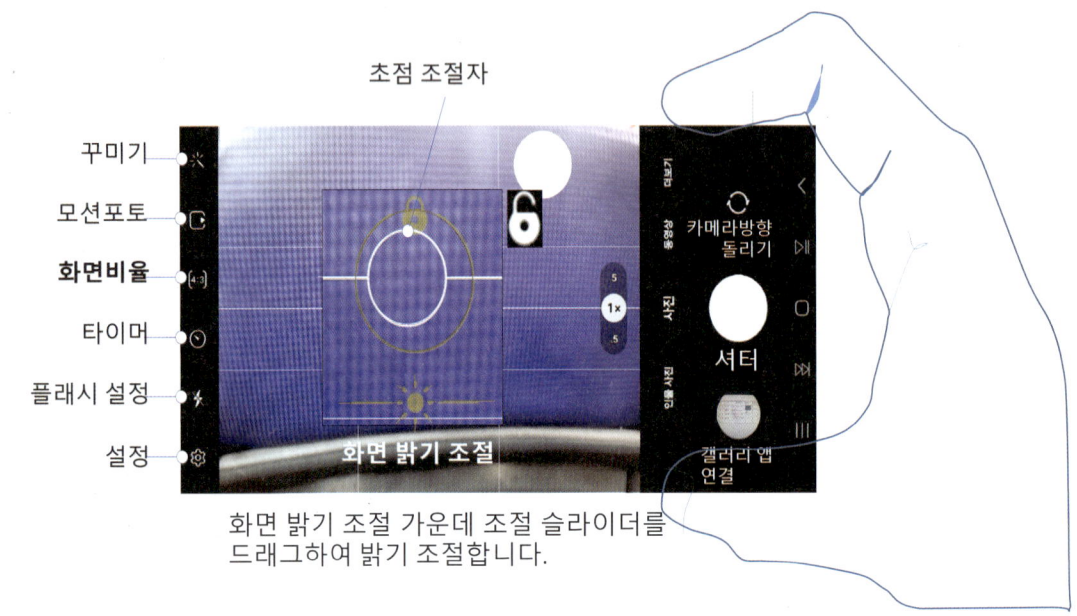

화면 밝기 조절 가운데 조절 슬라이더를 드래그하여 밝기 조절합니다.

촬영하기

셔터 버튼을 살짝 누릅니다.

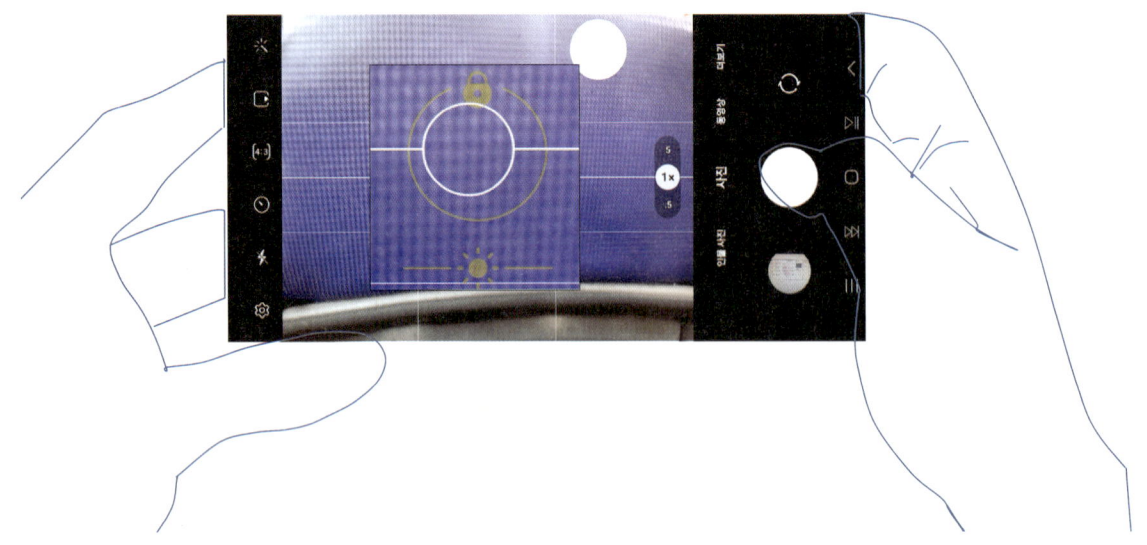

- 카메라 방향 바꾸시려면 화면을 오른쪽으로 밀기(후방 → 전방)

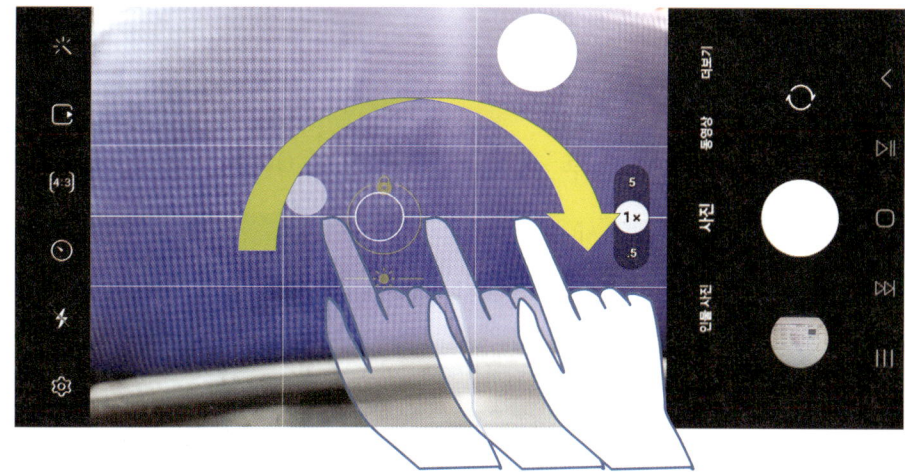

- 다시 방향 바꾸시려면 화면을 오른쪽으로 밀기(전방 → 후방)

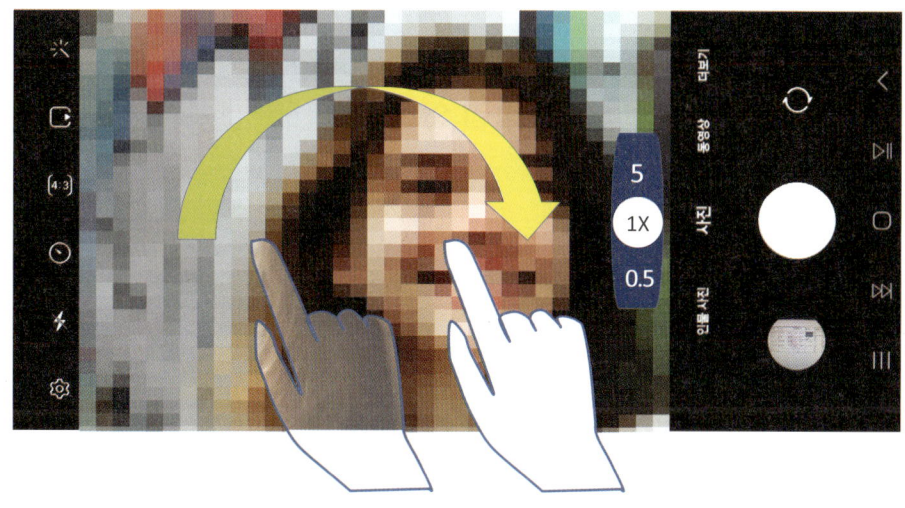

카메라 화면 각 부분 명칭

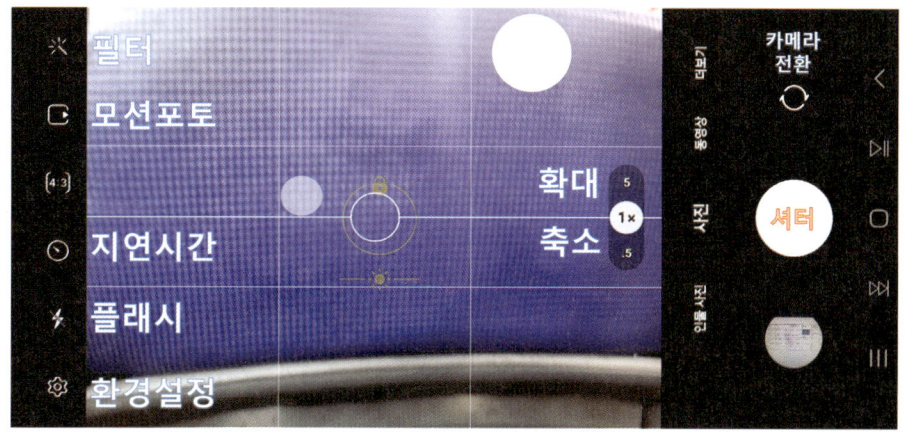

여러가지 방법으로 사진 촬영하기

1) 셔터 누르기(일반적인 방법)
2) 스마일, 김치, 찰칵 등 음성으로 촬영
   - 피사체를 카메라 화면에 맞춘 후 '스마일' 또는 '찰칵' 이라고 말하면 촬영됩니다.
3) 손바닥 내밀기로 촬영(셀카 촬영 시)
   손바닥을 카메라 쪽으로 보여준 뒤 내리기 →
   몇 초 뒤에 촬영됨

촬영 방법 설정하기

1) 카메라 화면에서 [설정] 선택
2) [촬영 방법]메뉴 선택
3) 음성 명령(스마일, 김치로 촬영),
   손바닥 내밀기(아래 설명),
   모두 활성화(켜기)

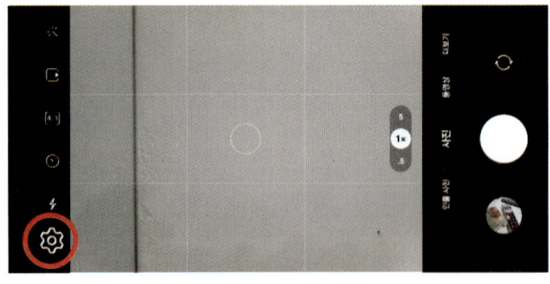

< **카메라 설정**

수직/수평 안내선

위치 태그
태그를 추가하면 사진이나 동영상을 촬영한
장소를 알 수 있습니다.

촬영 방법

설정 유지

저장위치
내장 저장공간

진동 피드백

< **촬영 방법**

음량 버튼 누르기
사진 및 동영상 촬영

음성 명령
"스마일", "김치", "촬영" 또는 "찰칵"이라고
말하면 사진이, "동영상 촬영"이라고 말하면
동영상이 촬영됩니다.

플로팅 촬영 버튼
화면 위에서 자유롭게 이동 가능한 촬영 버튼을
추가하고, 이 버튼을 눌러 사진을 촬영할 수
있습니다.

손바닥 내밀기
셀피를 찍거나 셀피 동영상 촬영을 시작하려면
카메라를 향해 손바닥을 내밀어 주세요.

 갤러리(사진 보기)

제품에 저장된 사진 및 동영상을 확인하고 관리할 수 있습니다.

1) [갤러리]를 실행하기

2) 하단 [사진] 메뉴 선택
3) 크게 보고 싶은 썸네일 사진 선택

4) 사진 확인
5) 상단 이전 버튼 (<) 선택

6) 2번째 썸네일 사진 선택해서 2번 사진을 열어봅니다.

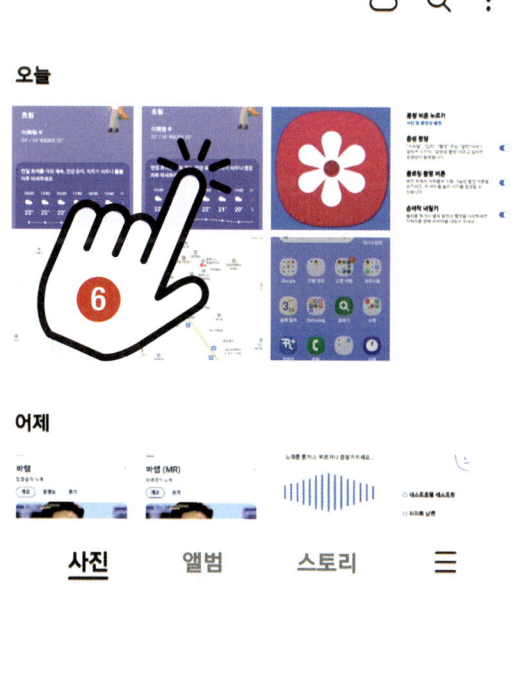

<참고> 썸네일이란? **엄지손톱이라는 뜻으로 작게** 축소한 사진이나 그림을 나타내는 말로 사용됩니다.

 ## 갤러리 앱에서 앨범 보기

제품에 저장된 사진 및 동영상을 확인하고 관리할 수 있습니다.

갤러리 실행 후 아래 [앨범]

카테고리(항목) 선택

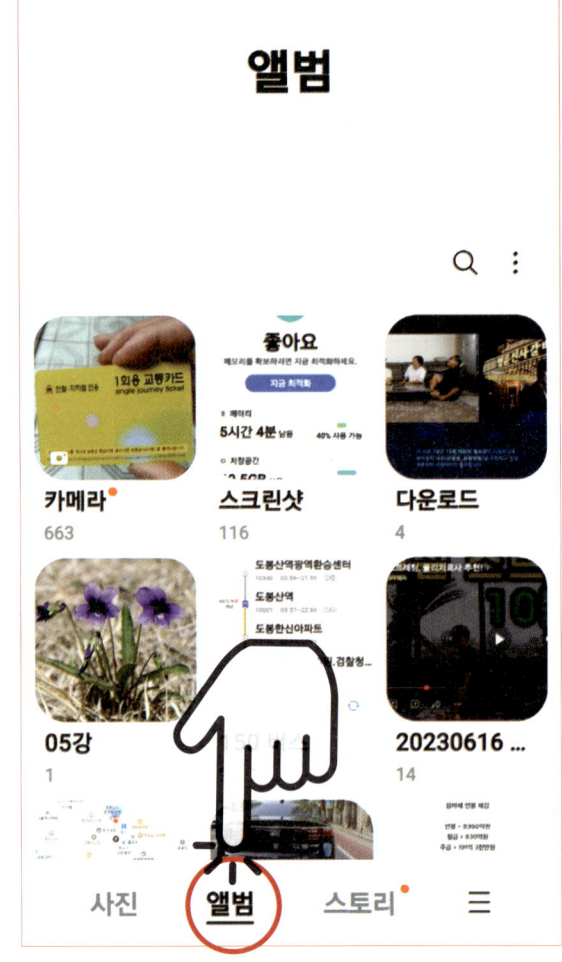

갤러리 앱 안에 있는 앨범 설명

Camera (카메라) 앨범	내가 찍은 사진 또는 영상	Screen shot 스크린 샷(캡처한 사진)앨범	스마트폰 화면 캡처한 사진
Download (다운로드) 앨범	인터넷에서 받은(저장한) 사진	Kakaotalk (카카오톡) 앨범	카카오톡에서 저장(다운로드)한 사진 또는동영상

 ## 동영상 촬영하기

1) 우측 [동영상 모드] 선택
2) 동영상 촬영 버튼(빨강 버튼)누릅니다.

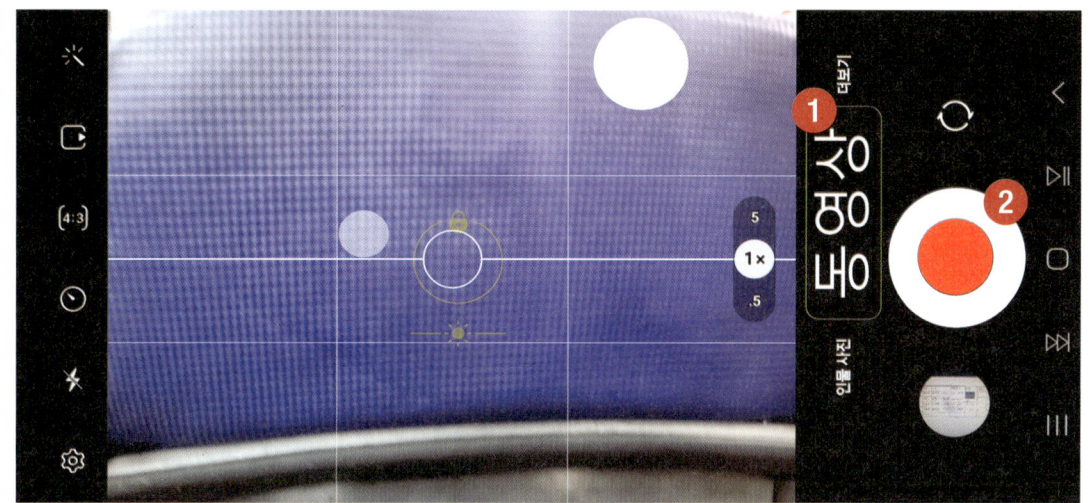

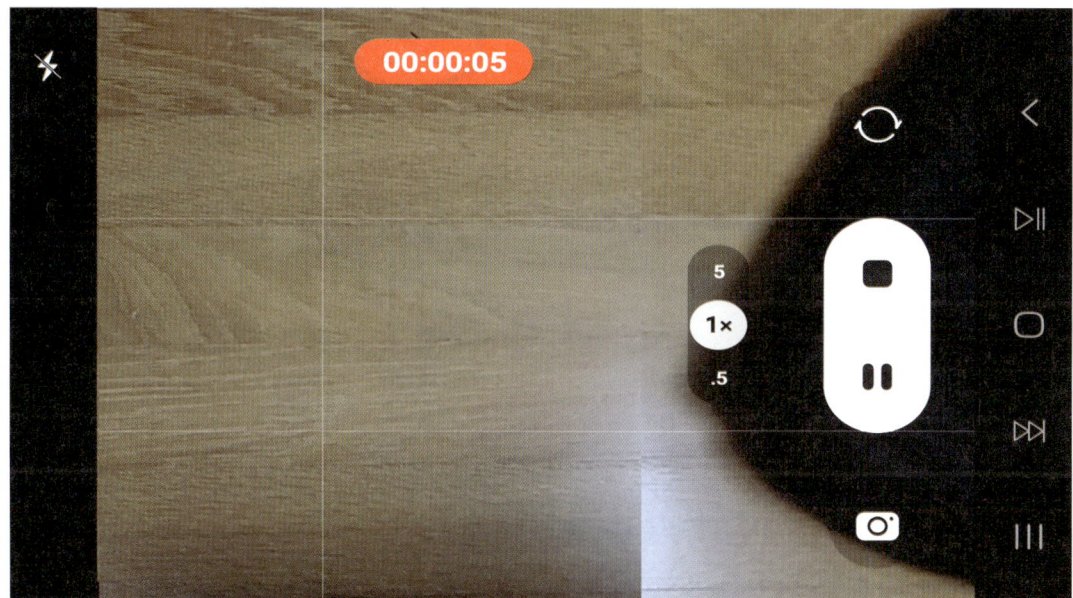

3) 촬영 중지(■)누릅니다.
4) 갤러리에서 동영상을 확인합니다.

　· 도움말 *·*

　동영상 촬영 중 [사진 촬영] 버튼을 누르면 동영상을 촬영하면서 스틸컷(사진)을 촬영할 수 있습니다.

 갤러리(동영상 보기)

갤러리에 저장된 사진 및 동영상을 확인하고 관리할 수 있습니다.

1) [갤러리]를 실행하기

2) 아래 사진 카테고리(항목) 선택
3) 원하는 사진 및 동영상 파일을 선택해서 열어봅니다.

4) 동영상은 미리보기에 재생단추(▷) 표시가 있습니다. 재생단추(▷)를 누르면 재생됩니다.

 삼성폰 화면캡처 쉽게 하는 방법

스마트폰에서 지도 화면을 찍고 싶거나 중요한 정보가 화면에 있을 때 캡처(Capture) 또는 스크린샷(ScreenShot)하면 되는데 이것이 화면찍기입니다.

첫 번째 방법 :
손날로 화면을 오른쪽으로 밀어 캡처한다.

두 번째 방법 :
볼륨 낮춤 버튼과 전원을 버튼을 동시에 누른다.
→ 화면이 번쩍이면 캡처된 상태이므로 갤러리 앱에서 확인할 수 있습니다.

 갤러리 앱에서 확인하기

갤러리 앱을 열면 길게 캡처된 이미지를 찾을 수 있음

1) 갤러리 앱 실행합니다.

2) 캡처한 사진의 썸네일을 선택합니다.

3) 화면을 아래로 스크롤(밀어내리기) 합니다.

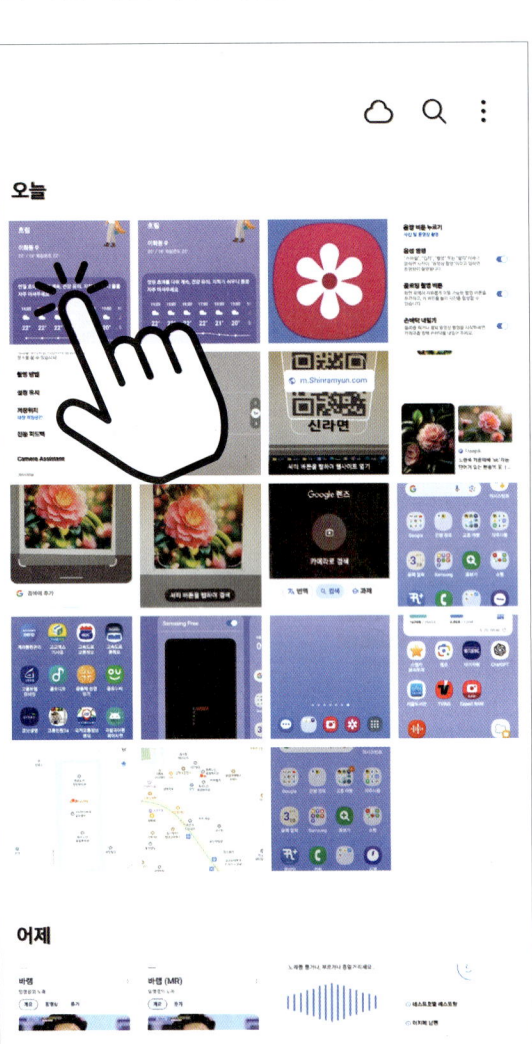

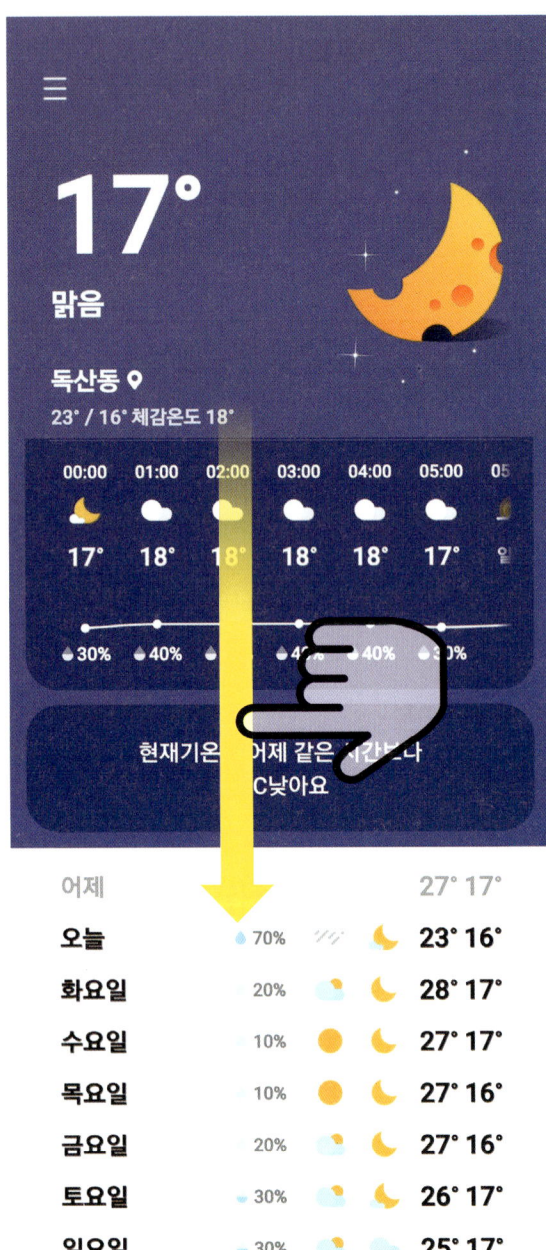

썸네일(thumbnail)이란? 엄지손톱이라는 뜻으로 작게 미리 보여주는 이미지를 뜻합니다.

스크롤(Scroll)이란? 돌돌 말다 라는 뜻으로써 컴퓨터나 스마트폰 화면이 말아올리듯 올라가거나 내려가는 것을 말합니다.

 갤러리 사진 부분 자르기

1) 갤러리 앱을 열고 부분 자르기 할 사진을 선택해서 엽니다

2) 아래 편집단추(연필모양)를 선택한다.

3) 그 다음 아래 자르기 단추 선택

4) 사진모서리 부분에 있는 크기조절 ㄴ 도구를 손가락을 이용해 안쪽으로 밀면 자를 부분을 조정할 수 있습니다.

5) 필요에 따라 상단 좌/우, 하단 좌/우 자르기 도구를 안쪽으로 드래그하여 내가 원하는 부분만 남겨봅니다.

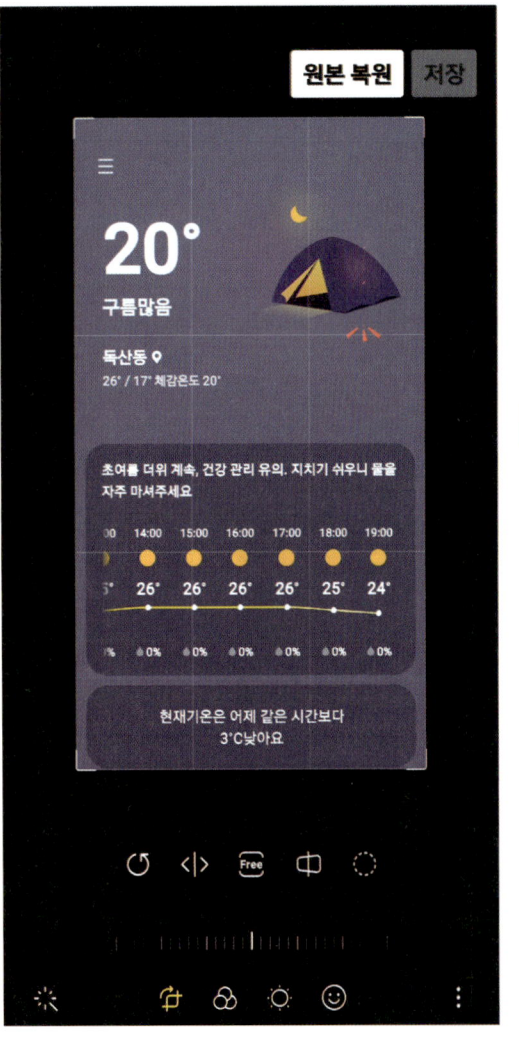 

6) 상단에 있는 [저장] 단추를 누르면 남은부분만 갤러리에 저장됨.

   (※원본은 없어지고 자른 사진만 남음)

7) <참고> 다른 파일로 저장

   원본 그대로 두고 자른 부분만 따로 사본으로 저장하려면 하단에 있는
   기타메뉴(점3개 버튼)를 누른 후 [다른 파일로 저장] 선택

8) <확인> 갤러리 앱을 실행해 보면
   원본 그대로 있고 자른 부분만 사본으로
   따로 저장되어 있음을 확인할 수 있습니다.

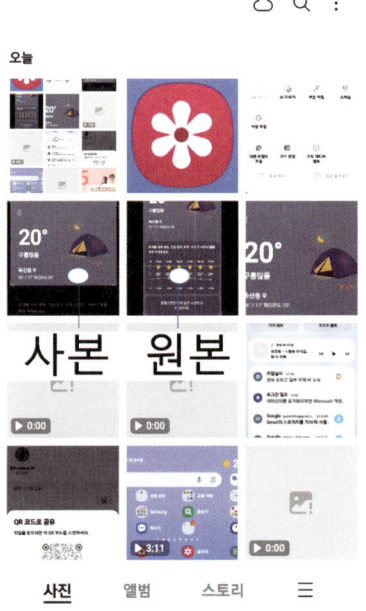

 갤러리 사진 꾸미기

갤러리 앱을 열면 캡처된 이미지를 찾을 수 있음

1) 갤러리 앱을 열고 편집할 사진을 선택한다.
2) 아래 수정단추(연필모양)을 선택한다.

3) 오른쪽과 같은 단추 누르면 낙서할 수 있는 상태됨

4) 아래와 같이 중요 부분에 동그라미 **낙서합니다.**

5) 상단에 있는 [저장] 단추 누르면 남은 부분만 갤러리에 저장됨.
(※원본은 없어지고 자른 사진만 남음)

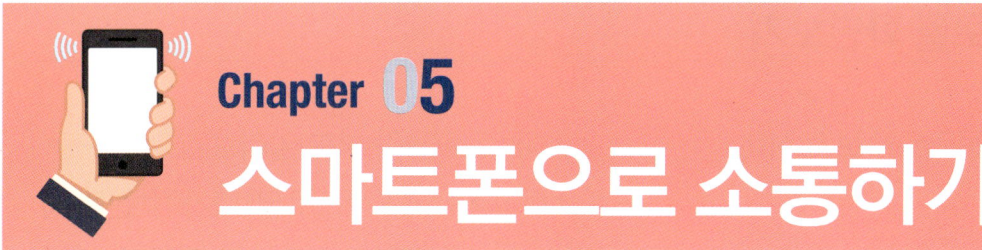

Chapter 05
스마트폰으로 소통하기

카카오톡 홈화면 살펴보기

1) 카카오톡 실행

2) 아래 [친구] 메뉴 선택

<참고>

채팅방에 들어온 상태에선 상단에 나가기 ← 단추 눌러야 홈화면으로 나옵니다.

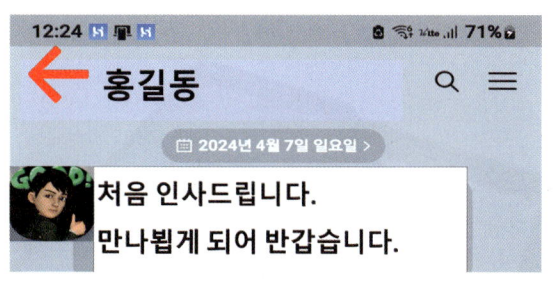

내 프로필 화면보기

1) 상단에 있는 내 프로필 보기 선택

2) 내 프로필 각 부분 알아보기

<참고> 상단 X : [프로필] 나가기. 선택 시 친구목록 화면으로 돌아갑니다.

<참고> 상단 X [프로필] 나가기 눌러서 친구목록 화면으로 돌아갑니다

친구 목록 보기

1) 카카오톡 실행

2) 아래 [친구] 메뉴 선택 → 카카오톡 친구 목록 보임

3) 친구이름 정렬 순서 확인
   - 즐겨찾기, 가나다, ABC, 특수문자 순

카카오톡 친구찾기

1) 상단 '친구검색' 선택

2) 검색 창 터치해서 커서 놓기

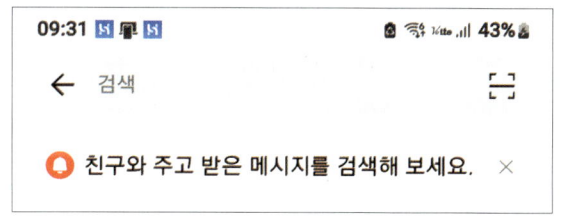

3) 검색할 이름 입력

4) 검색된 이름 선택

<참고> 채팅방에 들어온 상태에선 상단에 나가기(←) 단추를 눌러야 홈 화면으로 나옵니다.

카카오톡 홈화면 메뉴 알아보기

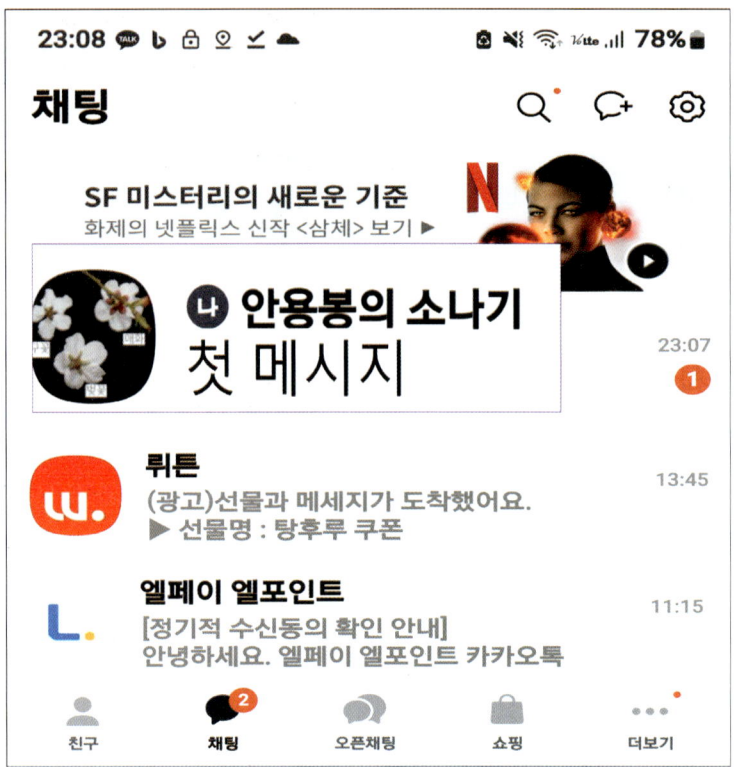

- 친구 목록 : 나의 친구로 등록된 사람의 닉네임(별명) 목록
- 채 팅 : 대화 나누는 방들이 있는 곳
- 오픈채팅 : 카카오톡 내에서 이용자들의 동일한 관심사나 취미 등을 기반으로 참여자간 자유롭게 소통할 수 있는 서비스
- 쇼핑 : 상품 쇼핑 하는 방
- 기타 : 그 외 다른 메뉴로 가는 방

 ## 채팅방 보기

1) 카카오톡 실행

2) 아래 [채팅] 메뉴 선택
   → 나와 대화 했던 친구 방이 보임
   → 최근에 대화한 대화방이 위쪽에 위치합니다.

 ## 카카오톡에서 답장하기

1) 카카오톡 실행

2) 아래 [채팅] 메뉴 선택

3) 답장하고 싶은 방을 선택

4) 나타나는 입력창에 답장할 내용을 작성 후 전송단추(비행기모양)를 선택해서 전송합니다.

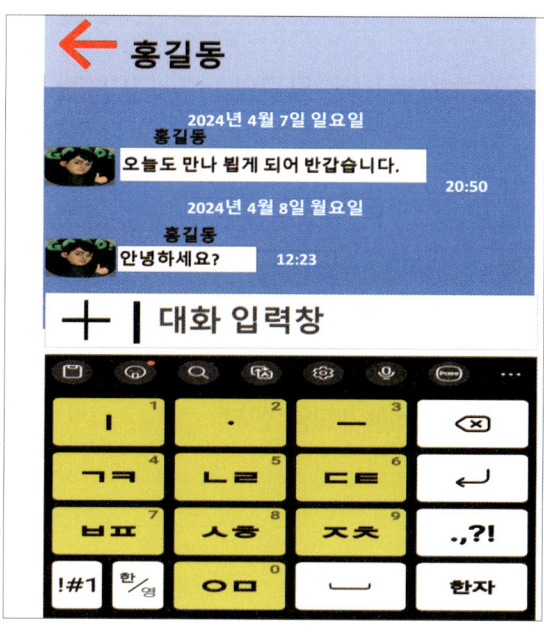

 ## 추천문구에서 선택해서 메시지 보내기

1) 메시지 입력창에 첫 글자 '안' 입력 후

2) 추천문구에서 '안녕하세요' 선택

3) 전송(비행기모양) 선택해서 메시지 전송

4) 전송 됐음을 확인합니다.

<참고>
숫자 '1'은 읽지 않은 사람 수를
의미합니다.

 ## 추천문구 더보기에서 문구 선택하기

1) 메시지 입력창에 '수고' 입력합니다.

2) 더보기(…) 선택

3) 추가로 나온 문구에서 한 개 선택

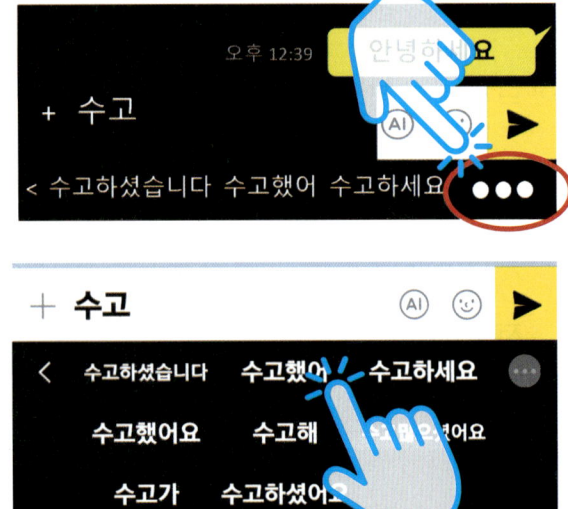

4) 전송(비행기 모양) 선택

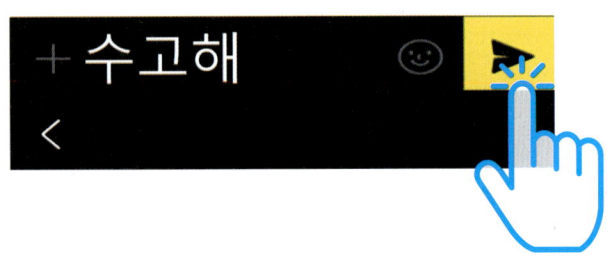

 ## 추천문구 더보기에서 영어 단어 완성하기

1) 메시지 입력창에 'stu' 입력

2) 더보기(…) 선택

3) 추가된 문구에서 'students' 선택해서 입력하기

4) 완성된 문구 확인합니다.

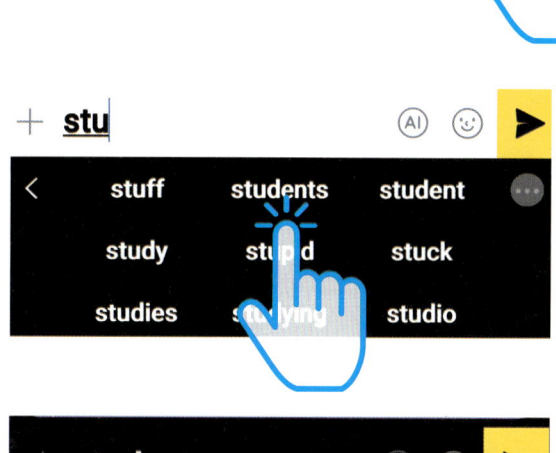

 ## 전송한 메시지 삭제하기전송한 메시지 삭제하기

상대방에게 보낸 메시지를 삭제하기: 메시지를 발송한 후 5분 이내에만 상대에게서도 삭제할 수 있습니다.

1) 삭제할 문구를 길게 누릅니다.

2) 메뉴 중 [삭제]를 선택

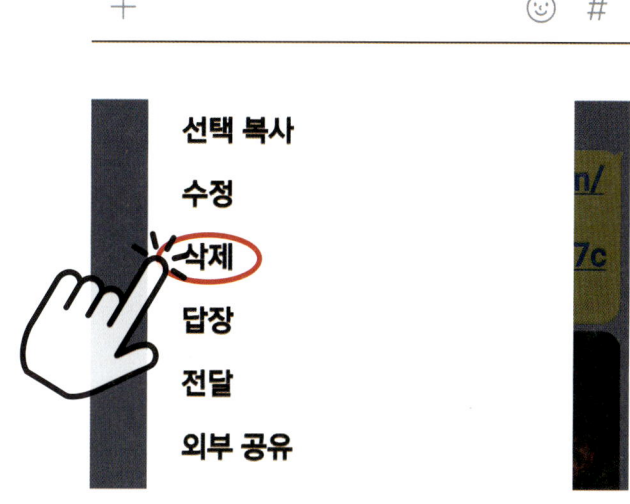

3) '모든 대화 상대에게서 삭제'를 선택하세요.

4) 확인

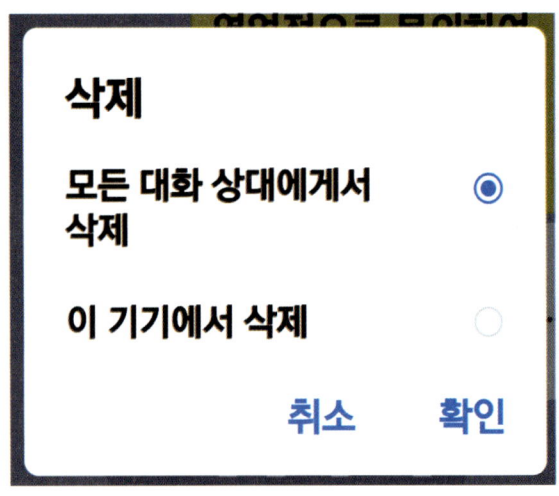

 카카오톡에서 사진 및 동영상 일괄삭제하기

각 방에 있는 사진 및 동영상을 모아서 삭제하기.

1) 홈 화면에서 카카오톡 아이콘을 길게 누릅니다.

2) 메뉴가 뜨면 '나와의 채팅' 선택

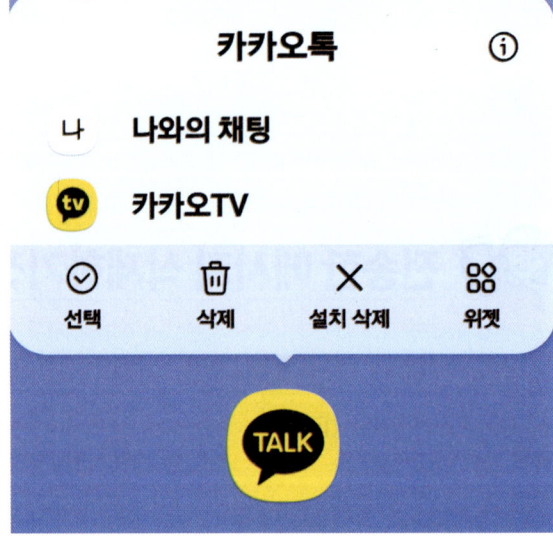

3) 나와의 채팅방에 들어오면 우측 상단에 내 서랍 단추를 누릅니다.

4) 사진/동영상 메뉴 선택

5) 삭제할 사진을 길게 누르기(여러 개 선택)

6) 하단에 [삭제]단추 선택

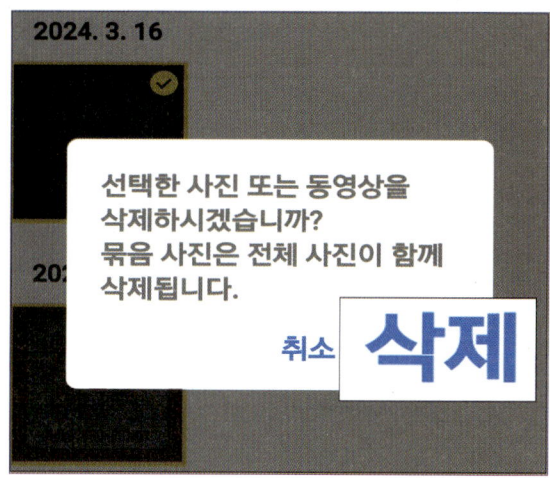

7) [삭제] 선택

카톡친구와 페이스톡(영상통화) 하기

상대방이 받으면 서로의 얼굴을 보며 영상 통화 할 수 있습니다.

1) 채팅방에서 더하기(+) 버튼을 누릅니다.

2) 통화하기 아이콘 선택

3) 페이스톡을 선택합니다.

4) 데이터 사용 알림 창에서 [확인]을 선택합니다.

<참고>
- 보이스톡 : 목소리만
- 페이스톡 : 영상통화

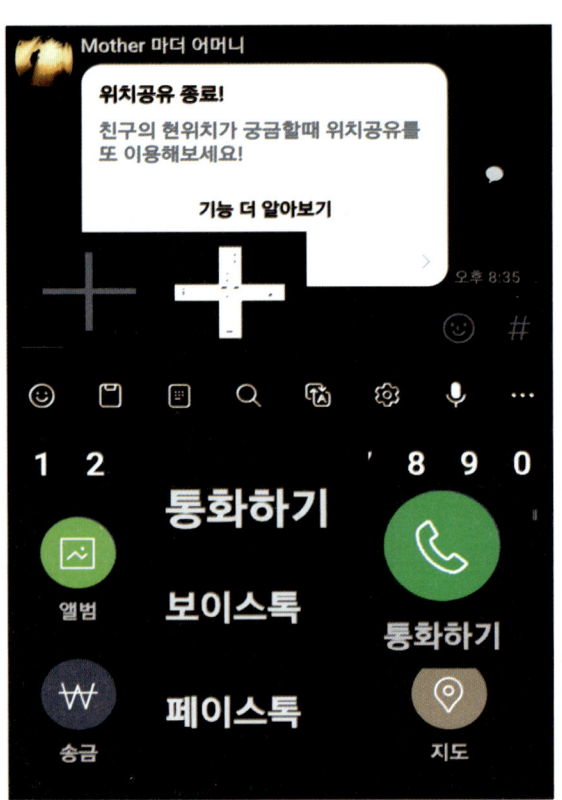

<참고> 데이터 사용 알림이란

와이파이를 연결하지 않은 상태에서 페이스톡을 하면 추가요금이 발생할 수 있으므로 가능하면 와이파이를 연결한 상태에서 사용하시기 바랍니다.

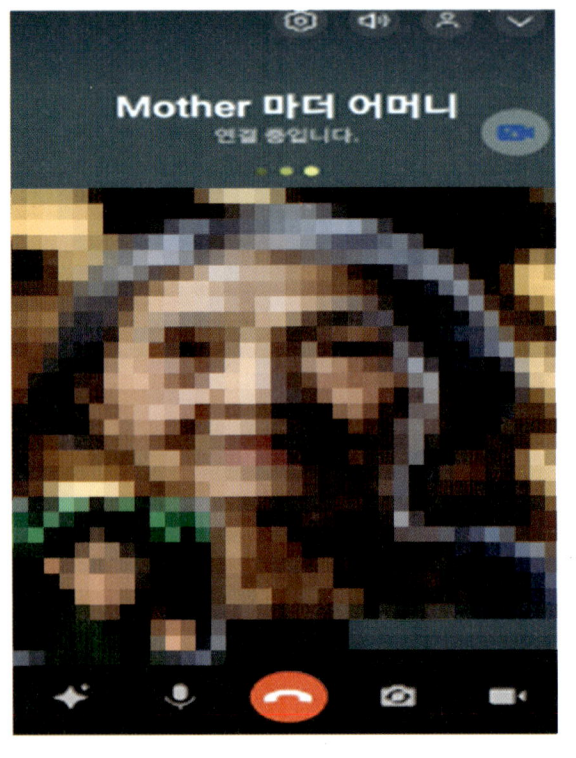

 **채팅방 알림 끄기**

1) 채팅방 목록에서 알림을 끄고 싶은 채팅방 이름을
2) 길~게 누릅니다.
3) 메뉴 중 [채팅방 알림 끄기] 선택

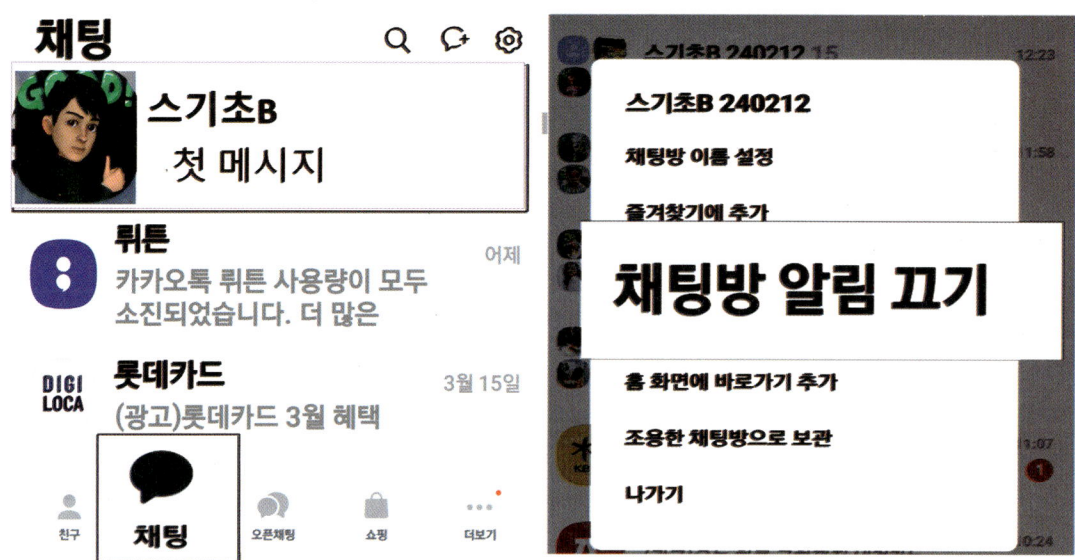

4) 채팅방 이름 끝부분에 알림 꺼진 상태 아이콘 확인합니다.

알람 꺼진 상태 아이콘

 카카오톡으로 사진 첨부해서 보내기

1) 하단의 첨부 단추[+] 탭(누르기)
2) 하단 선택 창에서 [앨범] 단추 탭

3) 아래 [전체] 단추를 선택하면 썸네일이 작게 나와 많은 사진을 한꺼번에 볼 수 있습니다.

4) 사진을 길게 눌러서 선택합니다.
　　(여러 장 선택도 가능)
5) [전송]을 선택하면 사진이 전송됩니다.

 ## 카카오톡에서 내 위치 정보 보내기

1) 하단의 첨부 단추[+] 탭

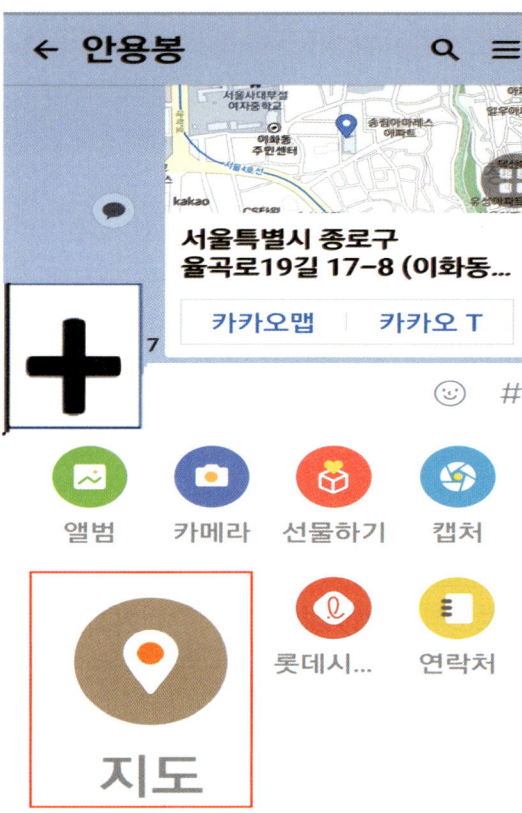

2) [지도] 선택

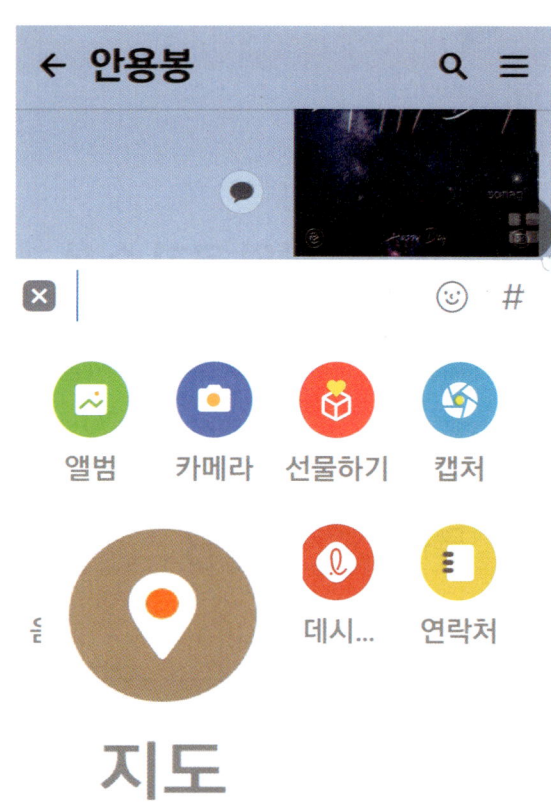

3) [위치정보 보내기] 선택

4) 친구에게 내 위치가 전송됐음을 확인

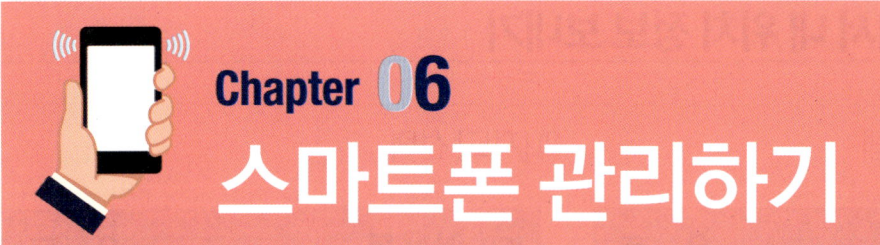

Chapter 06 스마트폰 관리하기

 데이터 단위 크기 순서

* 이해를 돕기 위한 대략적인 수치입니다.

	1	천	백만	십억
단위	B	KB	MB	GB
읽기	바이트	킬로바이트	메가바이트	기가바이트

바이트	▷B(Byte)는 가장 기본적인 데이터단위 ▷ 1바이트=숫자(1,2),특수문자(#,?), 영문자(a,A) , 공백 ▷ 2~3바이트=한글(가, 각.) ,한자 (月) 1글자 용량

1KB 킬로바이트	▷영문자 대략 천개 * 이해를 돕기 위한 대략적인 수치입니다			
1MB 백만 바이트	영문자 대략 백만 개	사진 대략 1개	음악 대략 1분	동영상 대략 1.8초
1GB 십억 바이트	영문자 대략 십억 개	사진 대략 천 개	1분짜리 음악 대략 천 곡	동영상 대략 30분

 스마트폰 저장공간(창고크기) 확인하기

1) 상태 바(화면 맨 윗줄)를
   아래로 끌어내립니다.
2) 설정을 선택합니다.

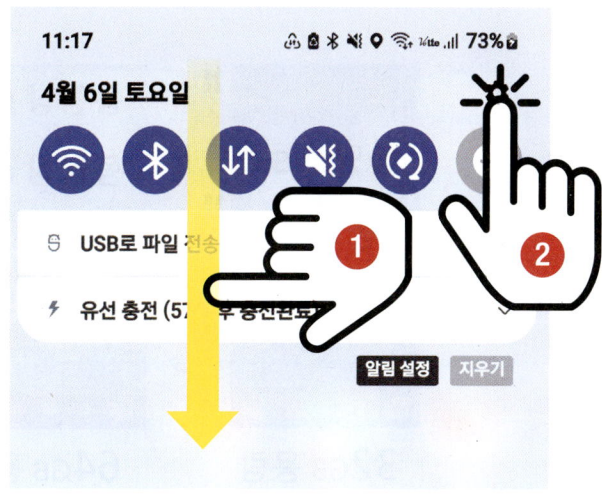

3) 배터리 및 디바이스 케어 메뉴 선택

4) [저장공간] 또는 [저장소]확인
   <참고> 저장공간 : 창고 기능
   (용량이 크면 저장할 수 있는 자료 및 앱이 많아집니다.)

5) 메모리 용량도 확인.
   <참고> 메모리 : 작업공간 (작업대 또는 책상)
   기능 (용량이 크면 한꺼번에 많은 일 처리)

스마트폰 용량 비교

32GB 용량

64GB 용량

- 스마트폰 기종마다 용량이 다릅니다.
- 용량이 클수록 더 많은 자료를 저장할 수 있습니다.
- 사용한 용량과 남아있는 용량을 확인합니다.

 컴퓨터 악성코드(바이러스(virus), 스파이웨어(spyware))

정의	컴퓨터 악성코드(바이러스, 스파이웨어)는 컴퓨터에 침입하여 여러 기능에 오류를 일으키거나 정보 유출 시키는 악성코드
이름 유래	사람이나 동물 몸에 들어오는 병원체인 바이러스와 일으키는 증상이 비슷하기 때문에 붙여진 이름
종류	① 바이러스(virus) : 프로그램 오동작, 데이터 변형, 기기손상 등의 영향 ② 스파이웨어(spyware): 정보 유출, SMS(문자메시지) 무작위 전송 　　ware(웨어) : 만들어진 제품, 물건 (예: 소프트웨어(=프로그램, 앱))
특징	병원체인 바이러스 처럼 자기복제를 하기 때문에 번식력이 강함 병원체인 바이러스처럼 잠복기(숨어있는 기간)가 있다.
유입 경로	무선통신(블루투스나 와이파이), 노래, 이미지 무료앱 다운로드 및 설치 문자메시지에 있는 URL(영어주소) 누르면 연결(링크)된 악성앱 설치됨
유포자	주로 학생들이 자기 실력 과시용으로 이메일 또는 메시지로 유포시킴
작동 원리	① 유입되자마자 실행되는 경우 ② 잠복기(바이러스 작동 시간이 정해져 있음)가 있는 경우 　　예 CIH(체르노빌 바이러스) 매년 4월 26일 0시부터 활동시작
치료 방법	바이러스(악성코드)를 찾아서 삭제 또는 기능을 마비시키는 백신 앱을 이용해서 검색 후 치료한다.
백신앱 종류	컴퓨터 악성코드 치료하는 백신 앱이라고 함 삼성폰 자체 백신, V3(안랩 연구소), 알약(이스트소프트) 등

피싱(Phishing) 개인정보 낚아채는 기술
○ 개인정보(Private data)와 낚시(Fishing)의 합성어,
○ 여러 매체를 통해 개인정보를 낚는(빼내는) 기술.

스미싱(Smishing) 사기 문자메시지
○ 문자메시지(SMS)와 피싱(Phishing)의 합성어
○ 문자메시지 링크(사이트주소)를 터치하는 순간
  악성코드(해킹 프로그램)이 설치됨
  소액결제 인증번호를 가로챔, 연락처, 사진, 개인정보 등까지 탈취

파밍(Pharming) 가짜 사이트로 연결되는 기술
진짜 사이트 주소 입력해도 가짜사이트로 연결되는 기술.
① 악성코드에 감염됨
② 정상 홈페이지에 접속하여도 피싱(가짜)사이트로 유도
③ 금융정보 탈취
④ 범행계좌로 이체
※ (피싱사이트) 'http://*Kb*bank.com' 등 정상 홈페이지로 가장하여 금융정보(보안카드번호 전부)
  입력을 요구, 신종 금융사기의 주요 범행수단

피해유형
피해자 184명이 동일한 파밍 수법으로 금융정보가 탈취되고 공인인증서가 재발급되어 불시에 13억 원이 무단 이체됨

카카오톡, 문자메시지 피싱 주의할 상황

○ 카카오톡 대화창이 가족 또는 지인 이름이더라도 급전을 요구한다면 일단 의심부터 하기.
○ 해킹 프로그램이 설치돼 있다면 카카오톡 해킹해서
  가족 또는 지인인것 처럼 조작이 가능. 목소리도 복제가능
  발신번호 또한 조작가능.(가족번호로 전화 오더라도 주의)
○ 피싱조직은 나와 내 가족 신상명세를 이미 알고 있음을 인지
  (통신사 또는 인터넷을 통해 개인신상정보 노출됨)

피싱(Phishing) 대처법

○ 무료 앱(노래 듣기 앱, 고스톱 게임 앱 등) 설치 금지

○ 가족이 돈을 요구하는 메시지를 보냈다면 전화로 본인 여부를 확인할 것
　다만, 감기가 걸렸다는 이유로 목소리가 이상하다면 둘만이 아는 정보로 확인하는 과정
　필요(예 "엄마 고향이 어디지?" 예전에 살던 곳 등 질문해보기)

○ 보이스피싱 조직이라 확신하셔도 다투지 말고 그냥 끊어 버리기(다툼 시 해코지 가능성 있음)

○ 피해 발생 시 즉시 기관에 신고.
　경찰청 112, 금융감독원 1332, 불법스팸신고센터 118

○ 문자메시지 URL 영어주소(예: http://drg.가) 누르기 금지 ★★★

○ 업체로 문의하기 위해 전화하면 피싱 조직

스미싱 문자 메시지 예

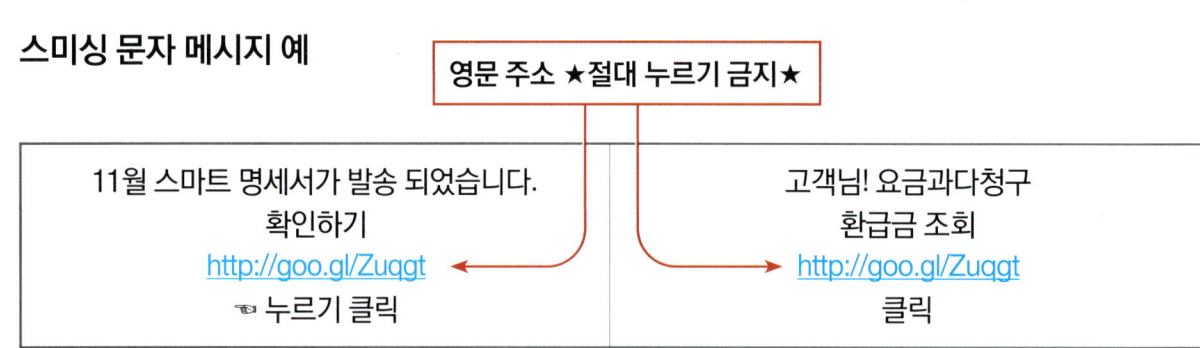

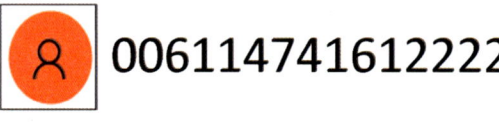

02/22, 오후 9:00
모바일 돌잔치 초대장을 보내드렸습니다.
참석하여 주시기 바랍니다 oa.to/Hpavd

02/22, 오후 9:00
부모님께서 오늘 별세하셨기에
삼가알려드립니다. 부고확인 http://gg.gg/20df

 ## 디바이스 케어(보호) 하기

디바이스=스마트폰

1) 스마트폰 맨 윗줄(상태 바)를 아래로 내린 후
2) 환경설정 단추 선택
3) '배터리 및 디바이스 케어' 선택

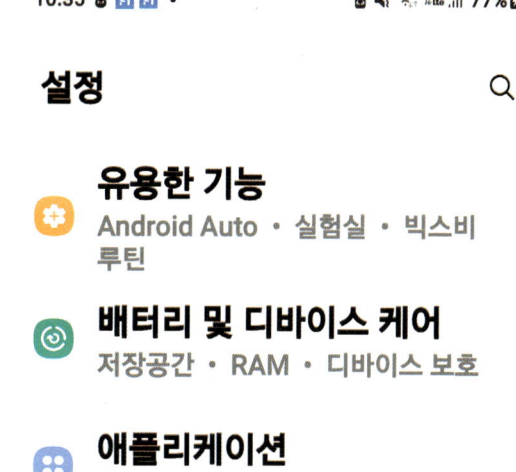

4) '지금 최적화' 선택
5) 남은 공간 확인

6) 맨 아래 '디바이스 보호' 선택
   (검사필요 시 실행)

<참고> 디바이스(Device)=폰, 케어(care = 보호, 관리)

7) '휴대전화 검사' 선택합니다.　　　　검사 중 검사 끝나면 완벽해요

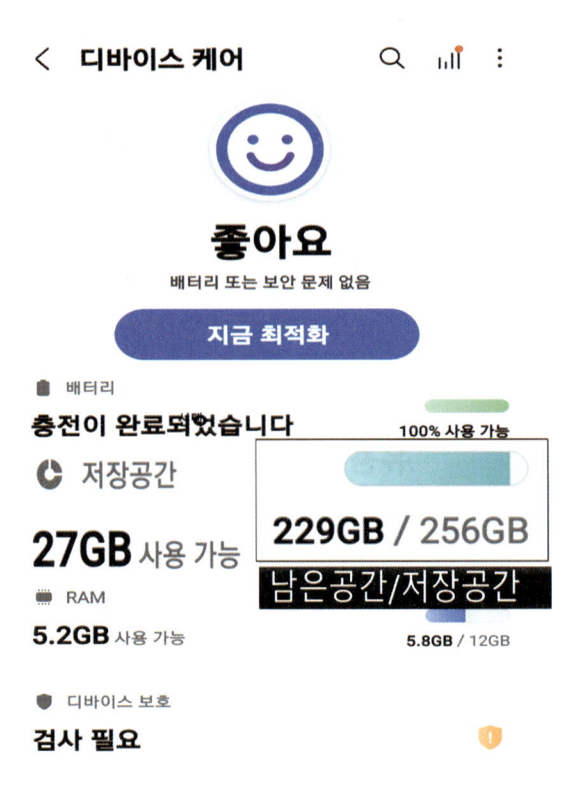
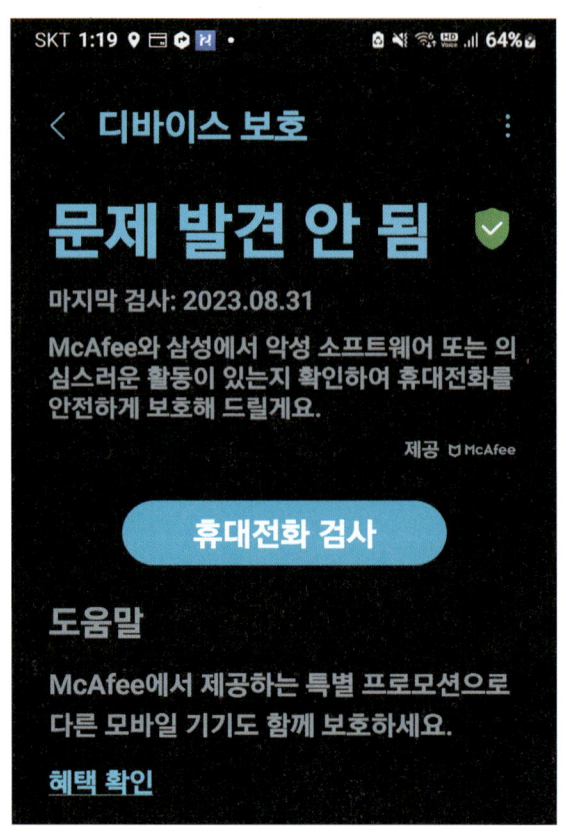

○업데이트(Up　　date)란?　① 최신 상태로 갱신 (리모델링, 최신정보 교육)
　　　　　올리기　최신　　　② 바이러스 방어 등 새로운 기능 사용가능

Chapter 07
지도 및 교통

 카카오맵 설치

1) Play 스토어 앱을 실행합니다.

2) 검색창에 '카카오맵' 입력 후

3) 키패드에서 검색키 누릅니다.

4) 카카오맵 [설치]를 누릅니다.

5) 설치가 끝나면 열기 또는 업데이트를 누릅니다.

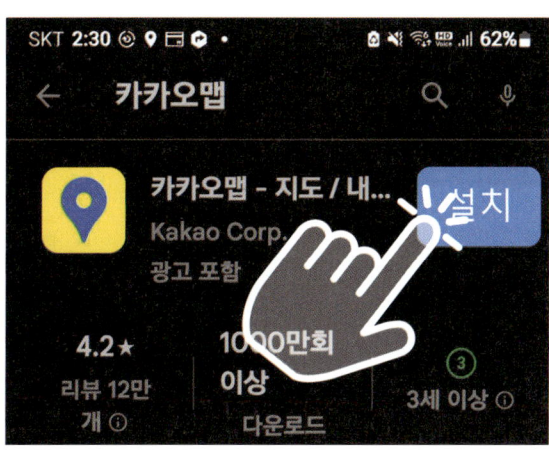
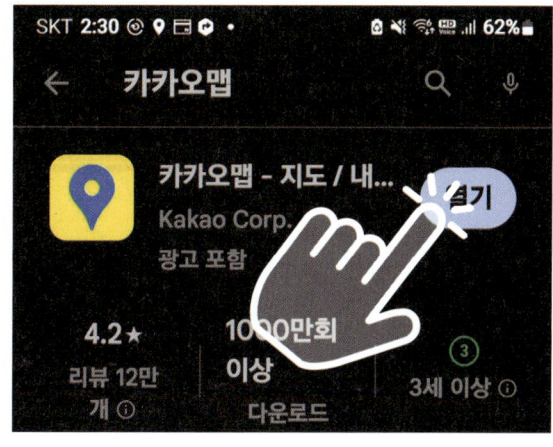

<참고> **업데이트(Up   date)란?**
올리기   최신
① 최신 상태로 갱신 (리 모델링, 최신정보 교육)
② 바이러스방어 새로운 기능 사용가능

6) 카카오맵에서 "내 기기 위치에 액세스하도록 허용하시겠습니까?"
'앱 사용 중에만 허용'을 누릅니다.
카카오맵에서 "기기의 사진 및 미디어에 액세스하도록 허용하시겠습니까?"
'허용'을 누릅니다.

```
┌─────────────────────────┐
│  내 기기 위치에 엑세스하도록  │
│    허용하시겠습니까?         │
├─────────────────────────┤
│          허용            │
├─────────────────────────┤
│      앱 사용 중에만 허용      │
├─────────────────────────┤
│          차단            │
└─────────────────────────┘
```

```
┌─────────────────────────┐
│    기기의 사진 및 미디어에    │
│       엑세스하도록          │
│     허용하시겠습니까?        │
├─────────────────────────┤
│          허용            │
├─────────────────────────┤
│          차단            │
└─────────────────────────┘
```

7) [카카오계정으로 로그인] 선택 다시 한 번 [카카오계정으로 로그인] 선택

 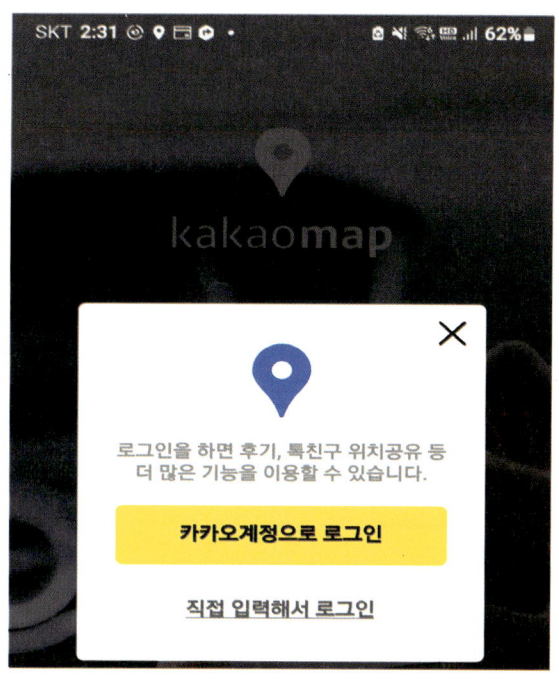

8) 알림 허용에서 [확인] 선택

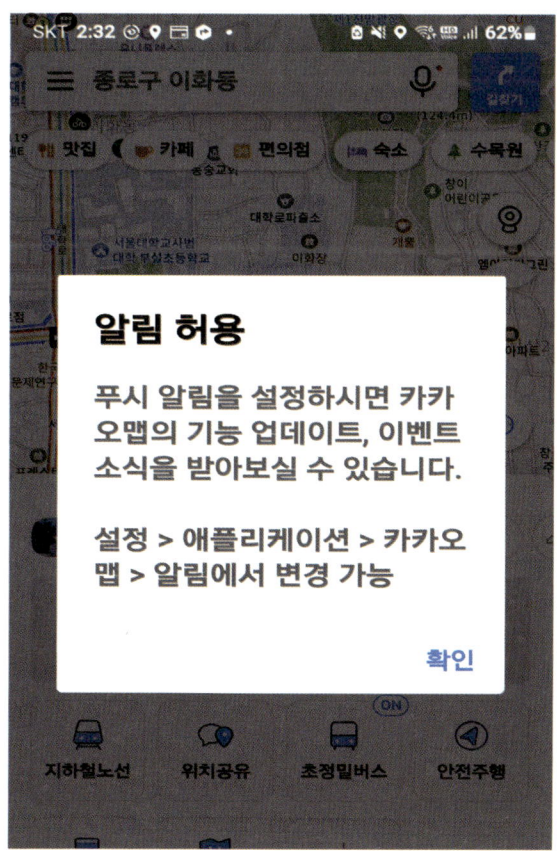

 ## 카카오맵으로 지도보기

1) 카카오맵을 실행합니다.

2) 초기화면에서 중간쯤에 있는 경계선 표식을 위로 올려봅니다.

3) 위치공유, 즐겨찾기, 테마지도 등 여러 서비스 메뉴를 확인하실 수 있습니다.

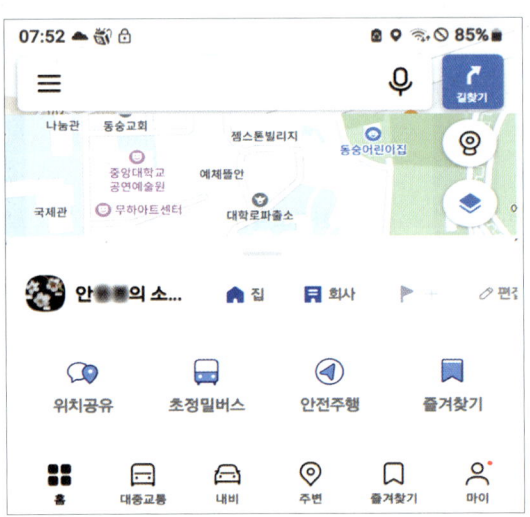
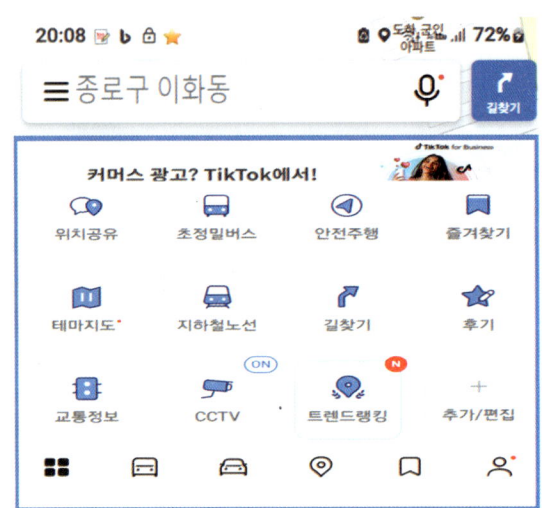

4) 다시 경계선 표식을 아래로 내리면 지도화면을 넓게 보실 수 있습니다.

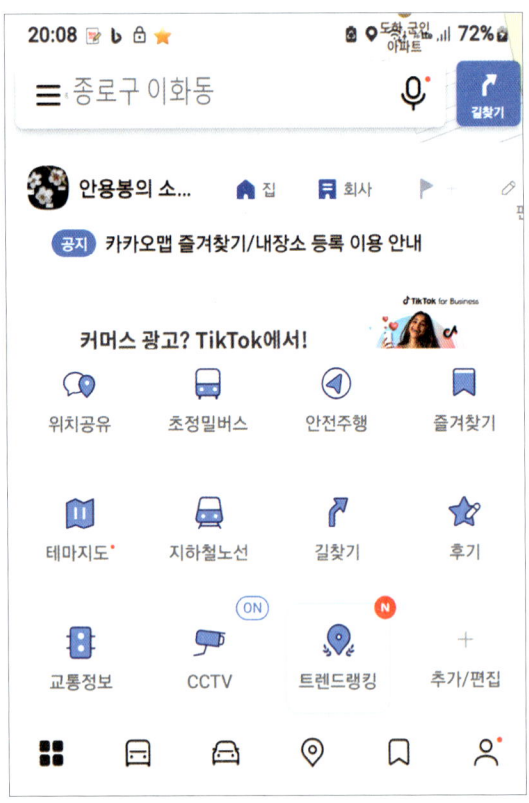

 **카카오맵 지도보기**

1) 카카오맵 실행

2) 검색창에 터치 후 '북극곰 소극장' 또는 초성만 'ㅂㄱㄱ ㅅㄱㅈ' 입력 후 키패드에서 검색(돋보기 모양) 키를 터치합니다.

   <참고> 검색창 아래 검색기록에서 선택하셔도 됩니다.

1) Play 스토어 앱을 실행합니다.

2) 검색창에 '카카오맵' 입력 후　　　3) 키패드에서 검색키 누릅니다.

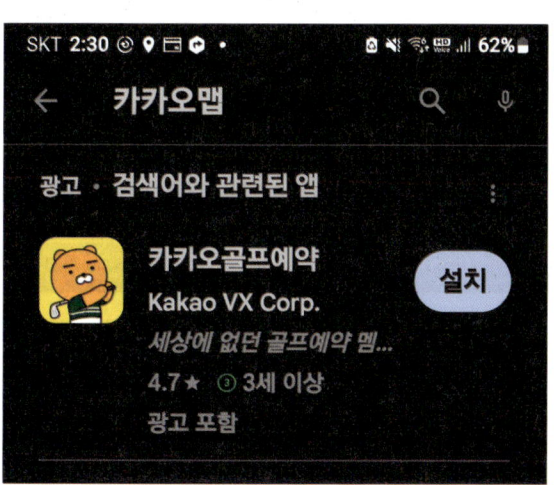

초성으로 목적지 검색하기

1) 검색창에 커서를 놓은 후 초성검색어 'ㅂㄱㄱ ㅅㄱㅈ' 초성만 입력 합니다.

2) 목록에 '북극곰 소극장' 건물명을 선택합니다.

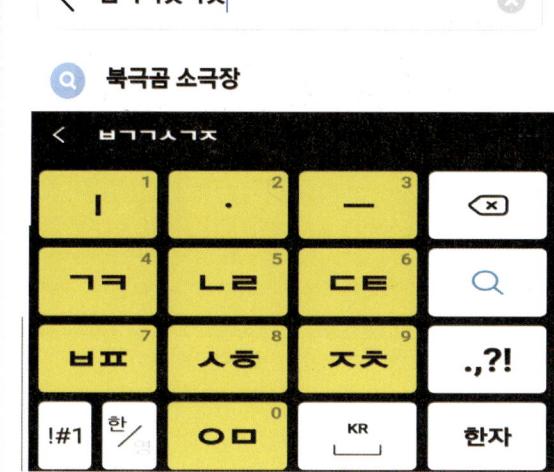

3) 북극곰소극장 찾아서 누르기(아래 주소 등 정보 확인하기)

 ## 음성입력으로 검색창에 검색어 입력하기

1) 카카오맵 실행
2) 검색창에 터치 후 우측에 검색창 마이크를 누르고 '종로노인종합사회복지관' 음성입력

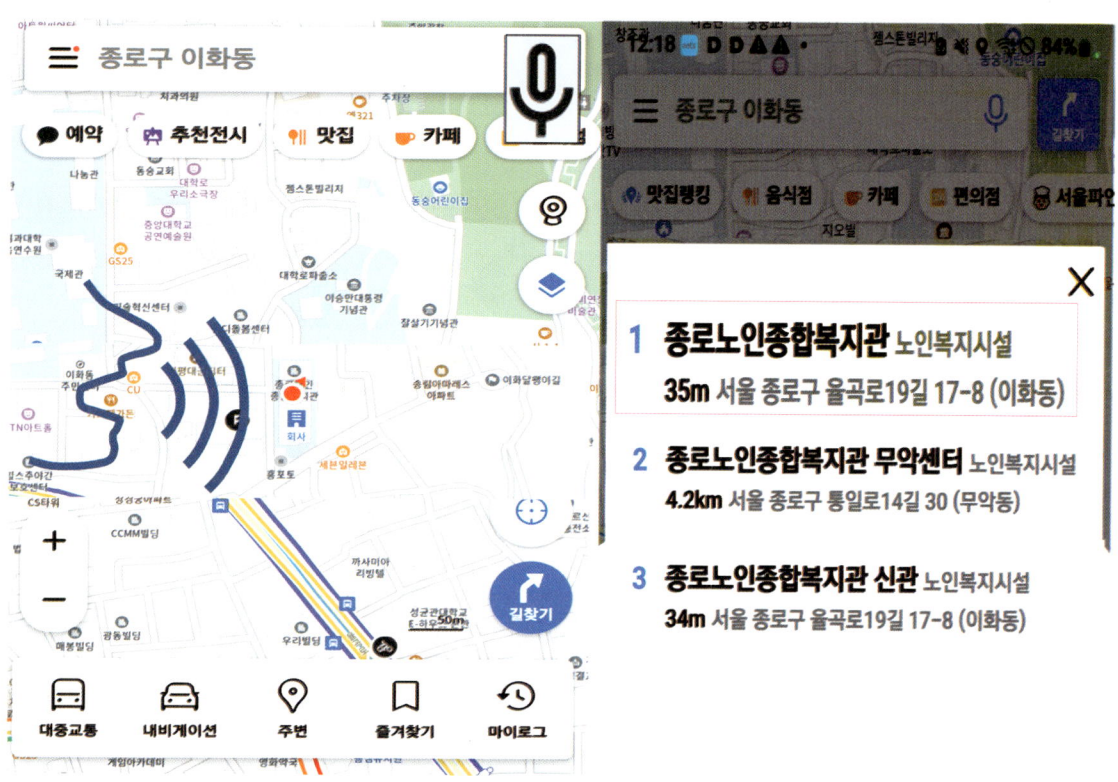

3) 검색된 장소 중 '종로노인종합복지관 노인복지시설' 선택

카카오맵 지도보기

1) 화면 확대하기 : 손가락 벌리기

2) 화면 축소하기 : 두 손가락 오므리기

 ## 카카오맵으로 목적지 검색하기

1) 검색창에 있는 마이크 선택 후
2) '신사역' 음성입력
3) 첫 번째 장소 (신사역 3호선) 선택

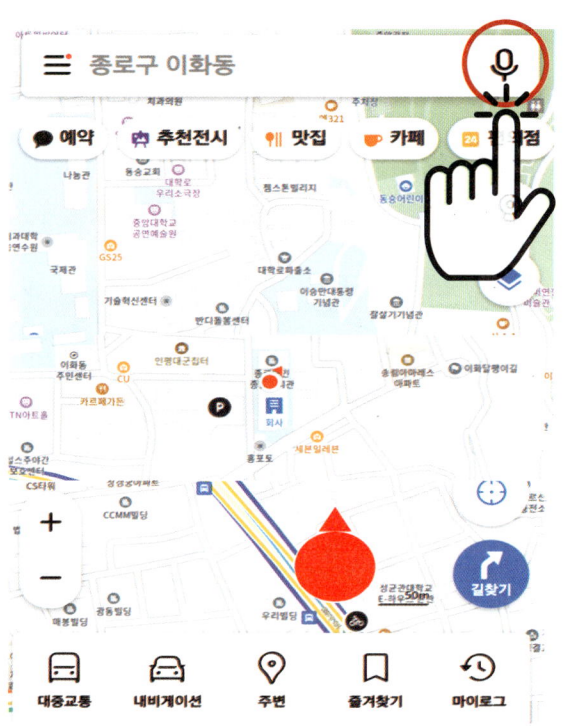

4) 첫 번째 장소 지도가 표시됨
5) 아래 로드뷰 버튼을 선택해서 로드뷰 화면으로 이동합니다.

로드뷰란?

거리를 보는 것을 뜻하는 것으로 실제도로 모습을 360도 볼 수 있는 서비스입니다.

카카오맵 검색어

1) 건물명 (예 이화동주민센터, 봉은사, 용산역)

2) 주소 (예 이화장길33, 세종대로 175)

3) 사무실 전화번호 (예 2148-5303 이화동 주민센터)

위 3개 중 하나로 검색하면 목적지 지도를 볼 수 있습니다.

 ## 카카오맵으로 길 찾기(교통편 검색) 1

1) 검색창에 있는 마이크 선택 후
2) '혜화역' 음성입력
3) 혜화역 4호선 선택

4) 길찾기 선택

5) 도보 선택

6) 첫 번째 경로 선택

7) 경로 확인합니다.

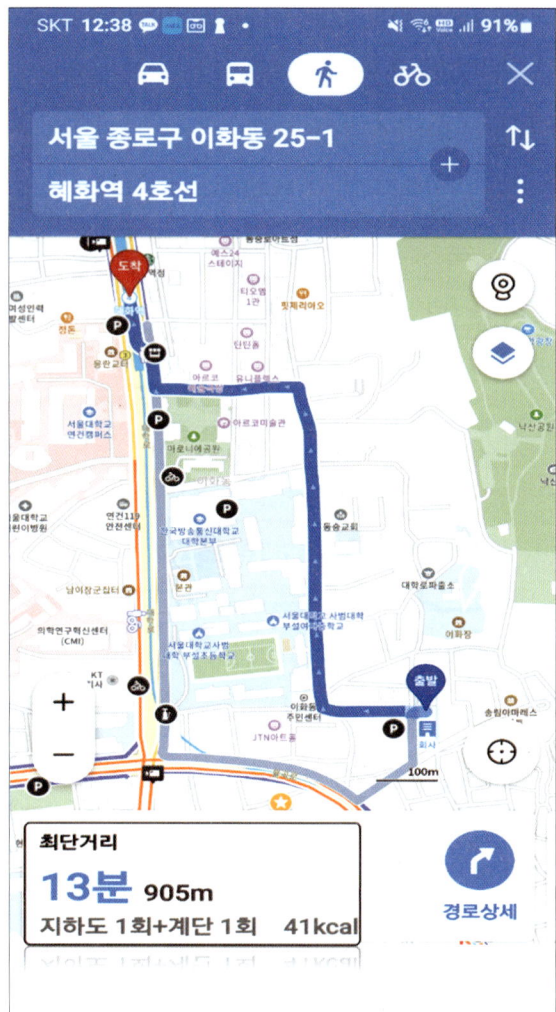

카카오맵으로 길 찾기(교통편 검색) 2

1) 검색창에 있는 마이크 선택 후

2) '서울역' 음성입력

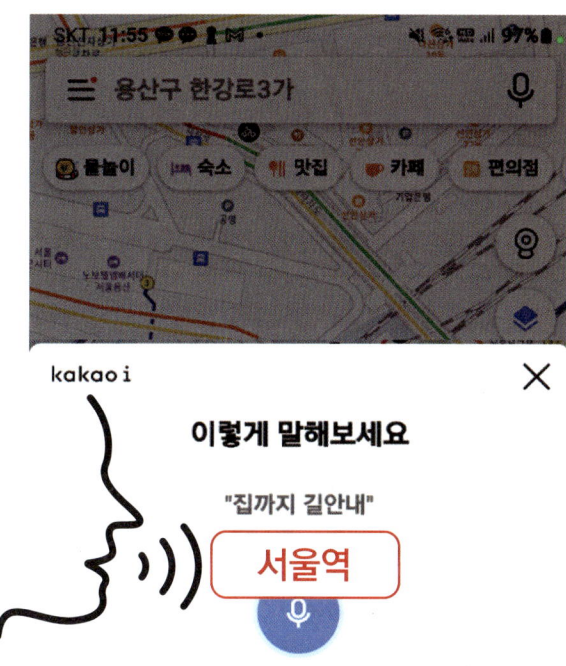

3) '서울역 KTX 정차역' 선택

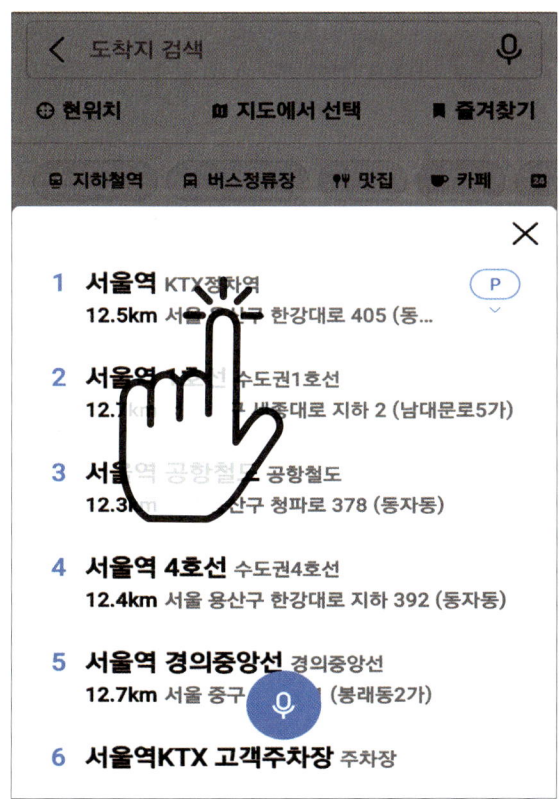

4) 길찾기 선택

5) 대중교통 선택

6) 첫 번째 경로 선택

7) 상세내용 확인합니다.

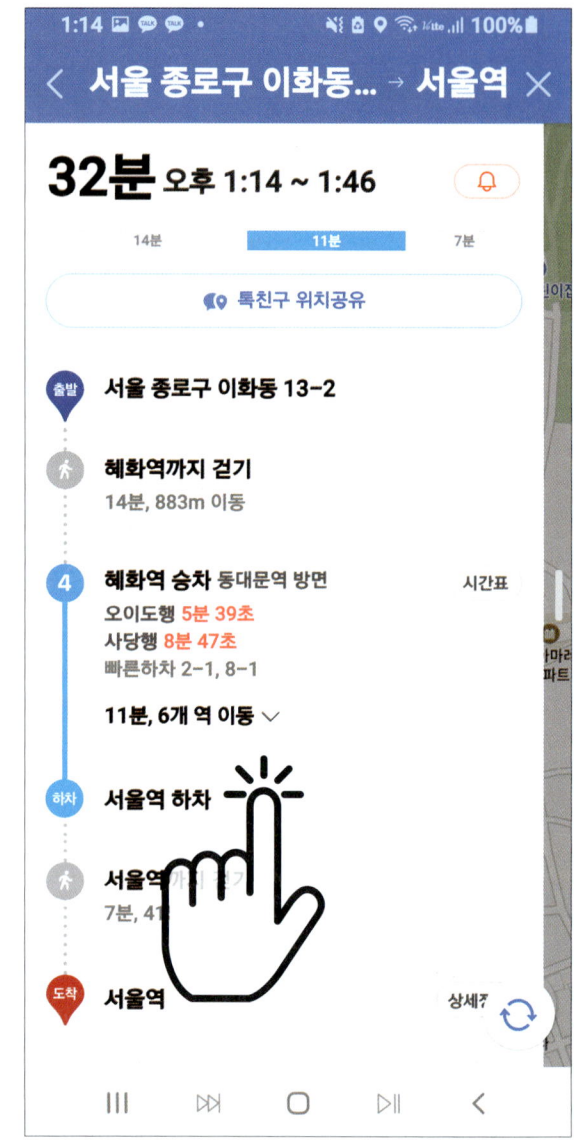

카카오T(택시) 설치

1) Play 스토어 앱을 실행합니다.

2) 검색창에 '카카오택시' 입력 후

3) 키보드에서 검색키(돋보기 모양)를 누릅니다.

4) 카카오T 앱 '설치'를 누릅니다.

5) 설치 완료 후 [열기] 선택합니다.

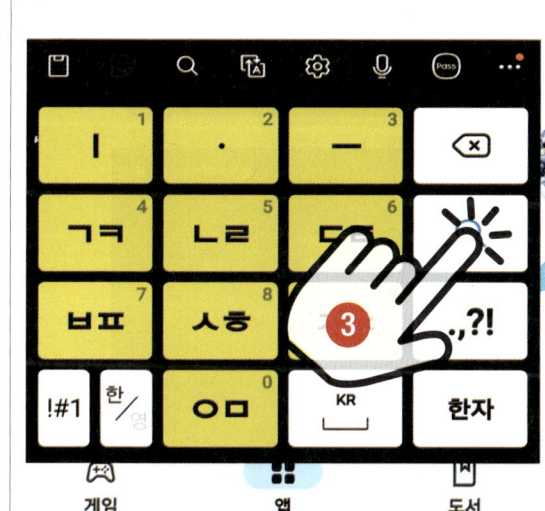

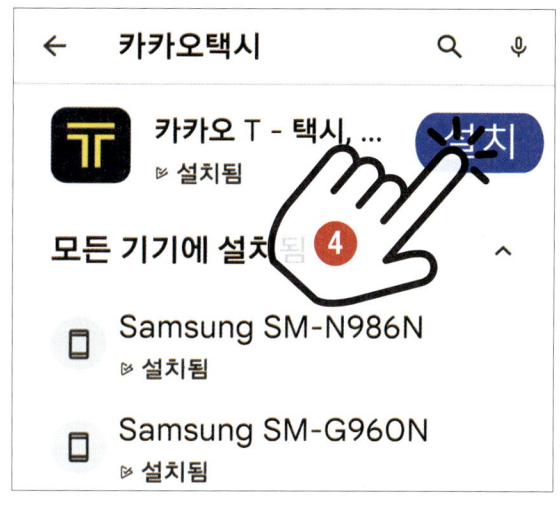

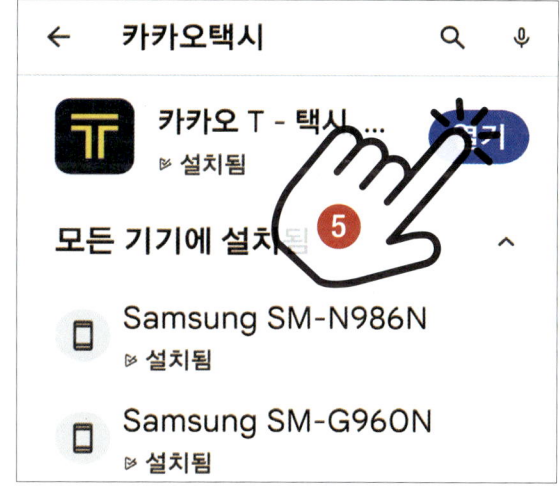

6) 카카오T에서 "내 기기위치에 액세스하도록 허용하시겠습니까?"
   '앱 사용 중에만 허용'을 누릅니다.
7) 카카오T에서 "기기의 사진 및 미디어에 액세스하도록 허용하시겠습니까?"
   '허용'을 누릅니다.

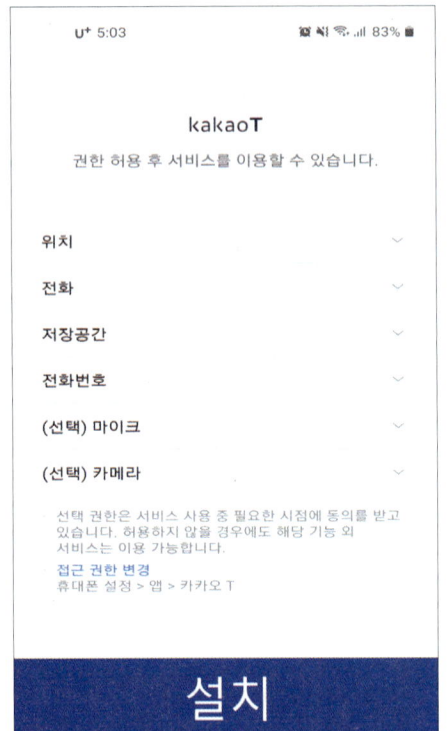
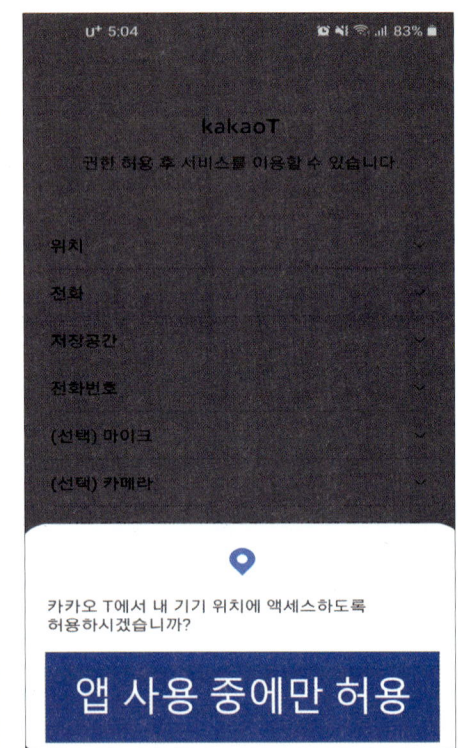
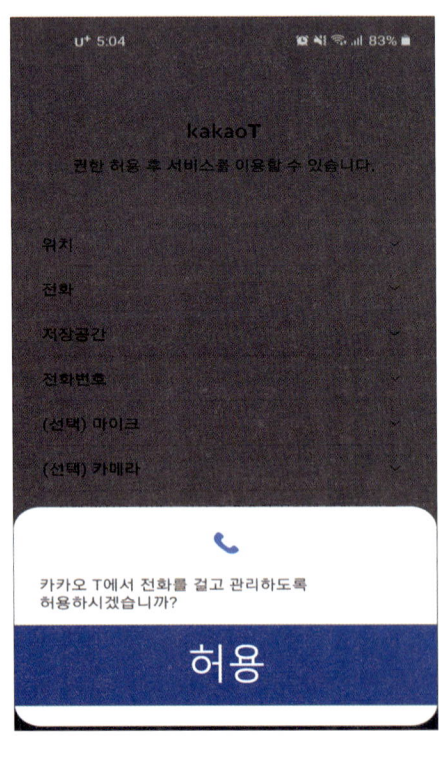
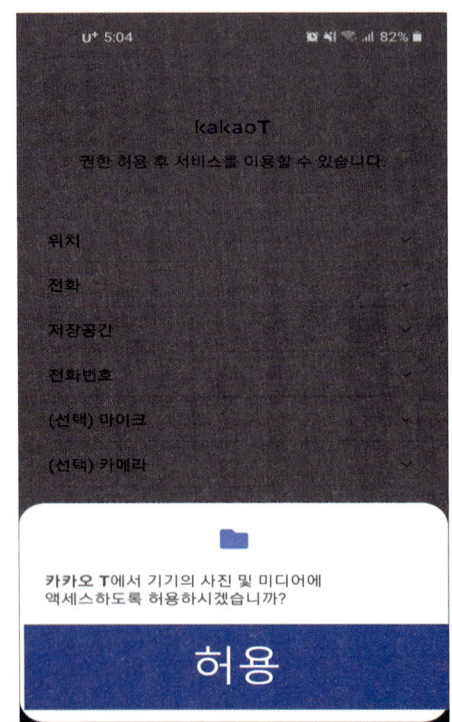

카카오계정으로 시작하기

1) [카카오계정으로 시작하기] 선택

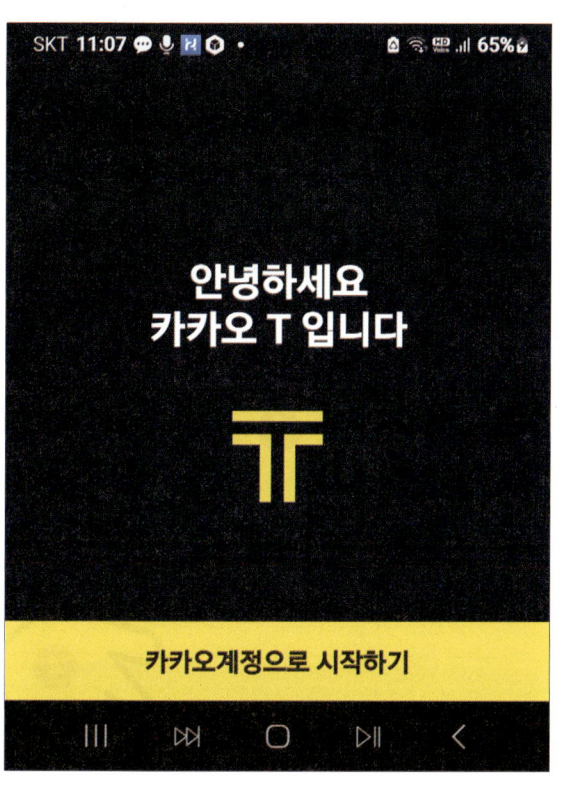

2) 전체동의 체크

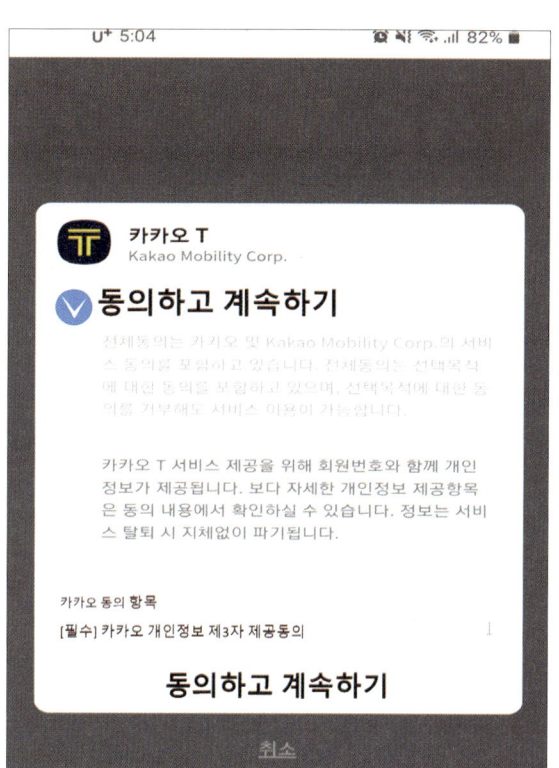

3) 다시 한 번 전체동의 체크

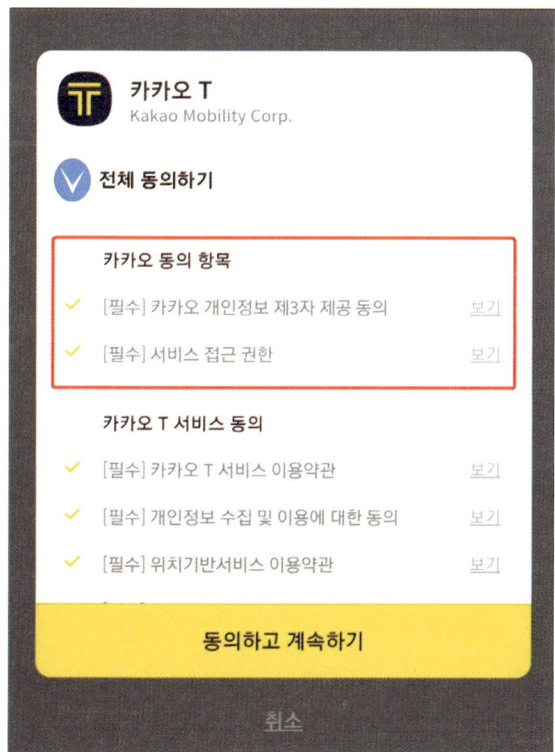

4) 동의하고 계속하기

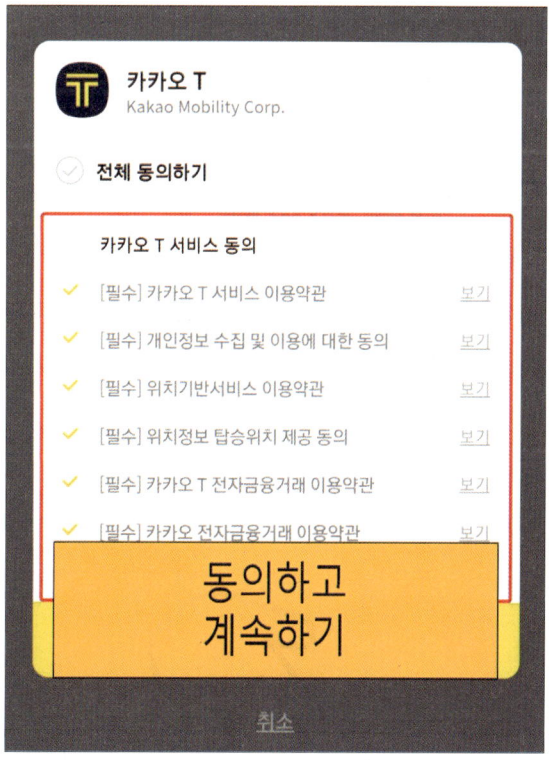

 ## 휴대폰번호 인증하기

1) 휴대폰번호를 입력하고
2) '보내기' 버튼을 누릅니다.

3) 휴대폰으로 문자가 전송이 되면 자동으로 인증번호가 입력이 됩니다.
4) '다음' 버튼을 누릅니다.

5) [나중에 하기] 선택합니다.

호출택시 종류 선택

1) 일반호출 선택

호출택시 종류

▶ 일반호출 - 일반 택시. 제일 저렴
　　　　　(후불일 땐 일반호출만 가능)

▶ 블　　루 - 세스코 멤버스가 인증한 쾌적한 카카오T 블루. 두번째 저렴

▶ 모　　범 - 바로 오는 모범 택시

▶ 블　　랙 - 프리미엄한 카카오T 블랙

일반호출 < 블루 < 모범 < 블랙 순으로 가격이 높음

가장 비싸지만 호출 성공 가능성 높아짐.

<참고> 더 빠른 배차가 필요할 땐 부스터

부스터는 Booster로써 촉진하는 것이라는 뜻입니다.

부스터를 선택하면 일반호출보다 높은 금액으로 호출하는 시스템입니다

1) 결제 수단 선택

2) [직접결제]가 나올 때까지 화면을 왼쪽으로 밀기합니다.

> 직접결제란? 후불제로써 내릴 때 결제하는 시스템입니다.

3) 결제수단까지 완료하셨으면 [호출하기] 선택합니다.

① 호출 요청중인 메시지를 확인합니다.
② 가까운 곳에 있는 기사님들에게 호출수락 알림이 가고 배차가 되면 차량번호 확인합니다.
③ 몇 분 뒤에 도착할지 확인합니다.

 ## 카카오택시 호출 취소하기

1) 택시호출을 취소하고 싶을 때 상단에 "호출취소" 버튼을 누르세요.
취소 사유를 선택하고 취소를 완료하면 됩니다. 이미 기사님이 이동 중인 상태에서는 불가피한 경우에만 취소하세요. 자주 배차 후 취소를 하게 되면 누적되어 서비스 이용에 제한이 있을 수 있습니다.

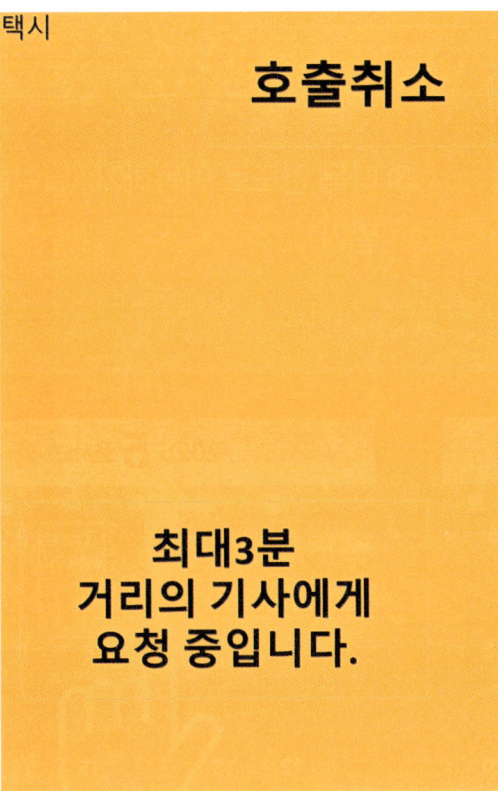

카톡 메시지로 오는 안심메시지
택시에 물건을 놓고 내리거나 탑승지역,
목적지, 출발시간, 차종과 차량번호,
예상 소요시간 등을 확인할 수 있습니다.
승객의 연락처는 택시기사님께
0504-0000-XXXX의 안심번호(실제번호가 아닌 변환된 번호) 형태로 발급됩니다. 개인정보보호.
카카오 택시 앱 안의 이용 기록 조회:
안심메시지에 있는 연락처로 3일 이내
기사님께 연락 가능합니다. 분실물 등
궁금한 상황 문의 가능합니다.

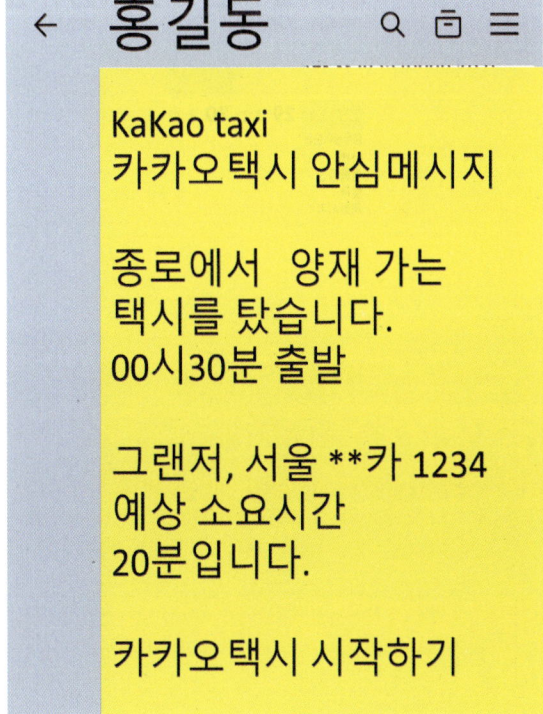

Chapter 08
생활에서 사용하는 앱

음력달력 설치

Play 스토어

음력달력

1) 음력달력 홈 화면에서 오늘 날짜 확인
2) 다음 달로 이동하기 : 달력을 좌로 밀기
3) 다음 연도로 이동하기 : 달력을 위로 밀기

4) 이번 달로 돌아오기 달력 우측 하단 [오늘] 단추 누르기

5) 이번 달로 복귀했음을 확인합니다.

음력달력 일정 등록하기

1) 기념일 중 한 날짜(예: 5월 14일) 선택

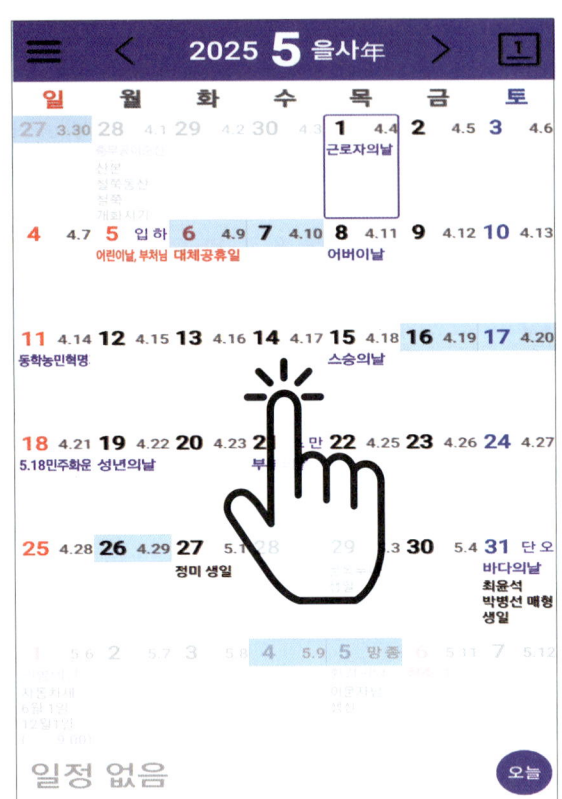

2) 내용 입력 칸에 터치

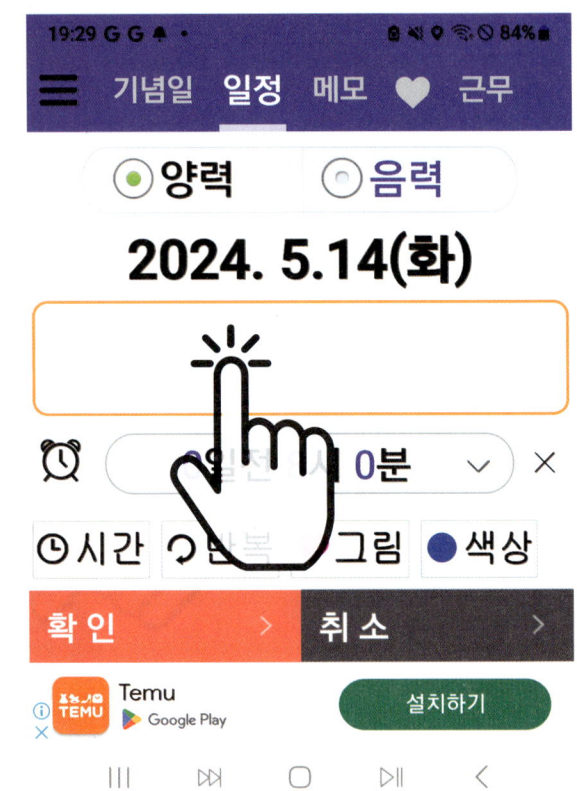

3) 내용 입력 (예 로즈데이)

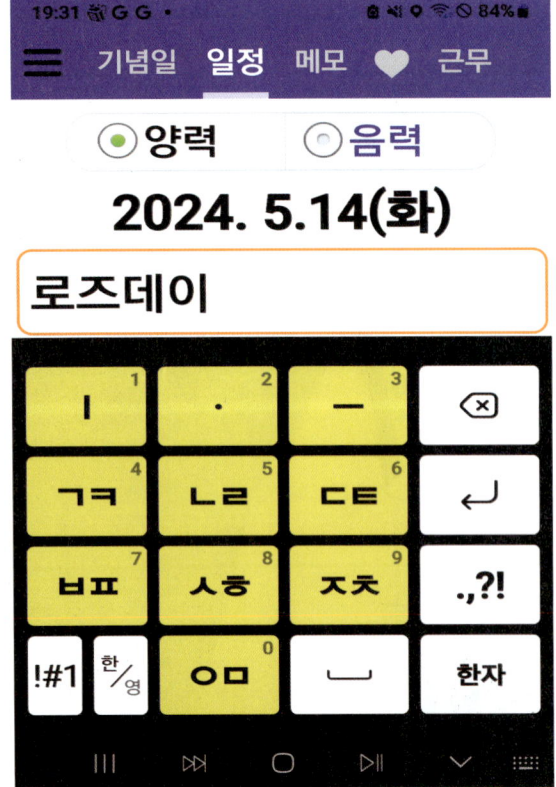

4) [반복] 선택

<참고> 반복 버튼이 안 보이신다면 화면을 위로 밀어봅니다

5) 반복 주기(예 년마다) 선택
6) 아래 [확인] 선택

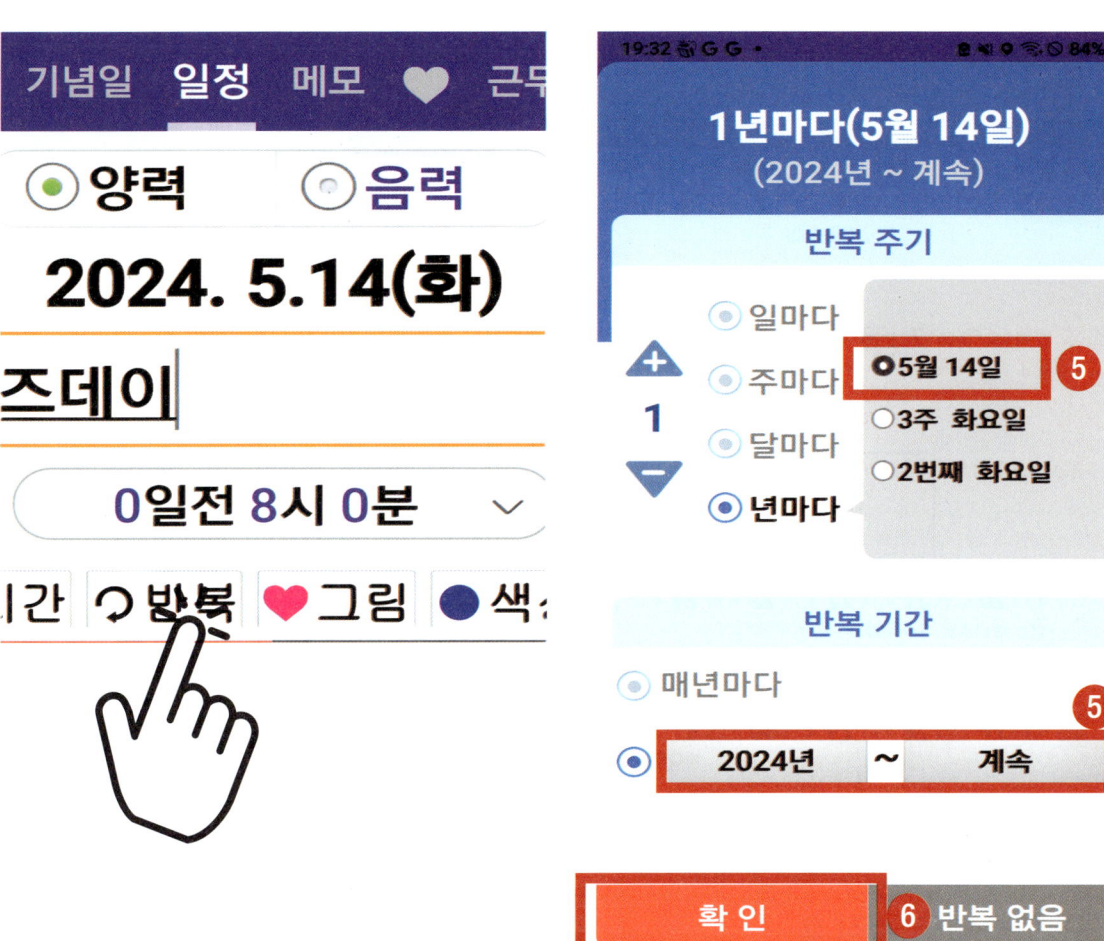

7) 내용, 반복주기 확인

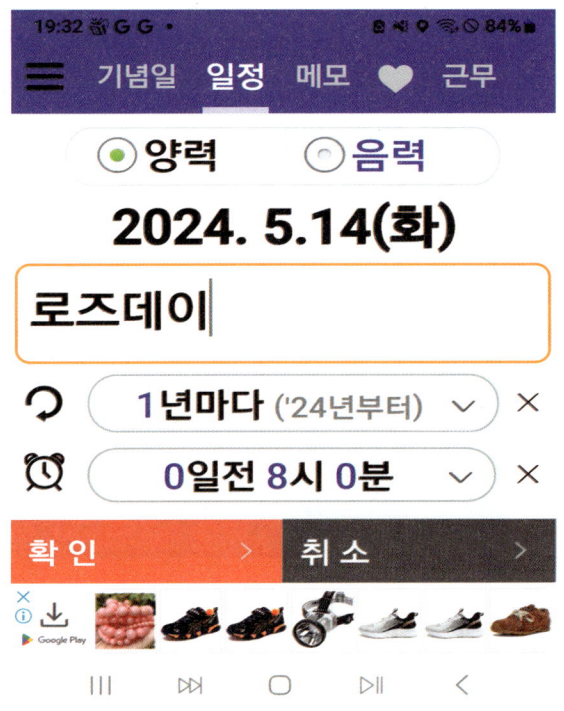

8) 아래 [확인] 선택

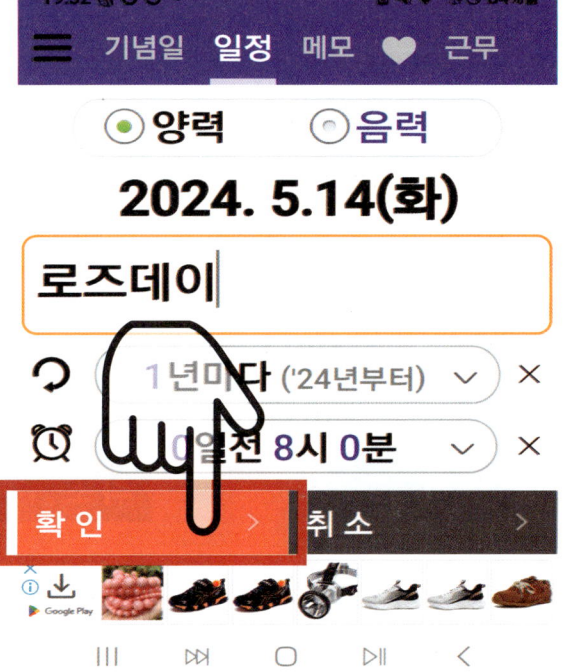

음력달력 내용 수정하기

1) 내용 수정할 날짜(예 5월 14일) 선택

2) 기존 내용 삭제 합니다.

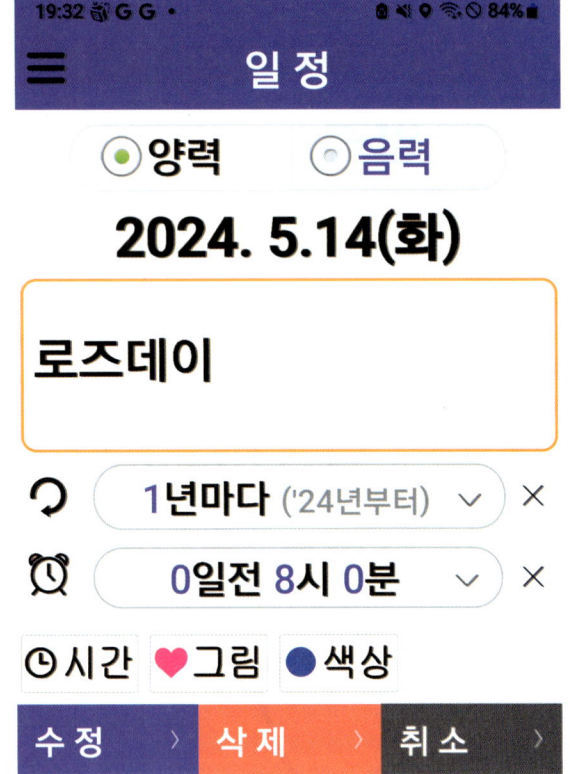

3) '장미데이'로 수정 후
4) 아래 [수정] 선택 [수정] 버튼 누르면 수정할 범위 선택 창이 뜹니다.

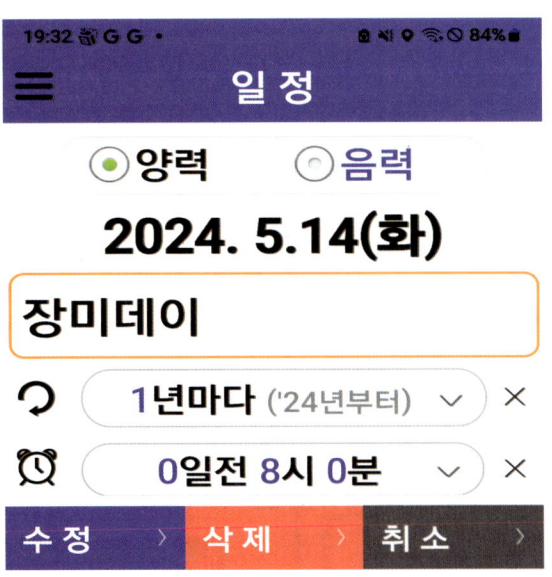

5) [전체 일정] 선택합니다. [전체 일정] 매년 똑같이 입력되어있는 로즈데이를 모두 장미데이로 수정됩니다.

6) [닫기] 선택합니다.

2024. 5.14(화)
음력 4. 7 (갑진年기사月무인日)

🕐 일 정

● **로즈데이**
⏰ 8시 0분

7) 수정 내용 확인합니다.

| 일정 | > | 그림 | > | 닫기 | > |

 모바일팩스 설치하기

모바일팩스는 무료로 제공되지만, 실제로는 MMS를 이용해서 발송하는 시스템이기 때문에 기본으로 MMS 이용요금이 발생할 수 있으니 참고하시기 바랍니다.

1) Play 스토어 앱을 실행합니다.

2) 검색창에 '모바일팩스' 검색

3) 여러 앱 중 에스케이브로드밴드에서 제공하는 모바일 팩스 [설치] 를 선택합니다.
   (주의) 에스케이브로드밴드의 모바일팩스를 설치해야 합니다.

4) 설치 완료 되면 [열기] 선택

5) 접근 권한 안내 [다시 보지 않기] 선택

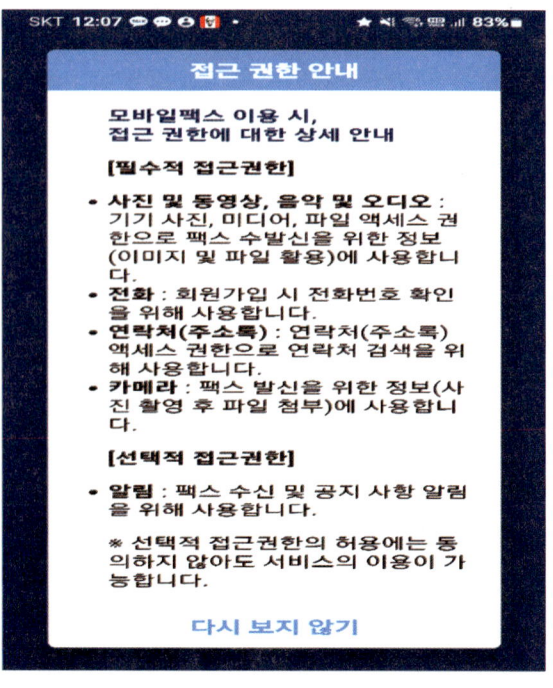

6) 모바일 팩스에서 내 연락처에 액세스하도록 허용하시겠습니까? [허용] 선택
7) 모바일 팩스에서 사진을 촬영하고 동영상을 녹화하도록 허용하시겠습니까?
　[앱 사용 중에만 허용] 선택

8) 약관에 동의 [전체동의] 네모박스 선택해서 체크합니다.
9) 아래 [다음] 선택합니다.

10) 신규 가입 [v] 체크한 후 아래 [다음] 버튼 누릅니다.
10-1) 팩스 문서 복사 [확인] 선택

 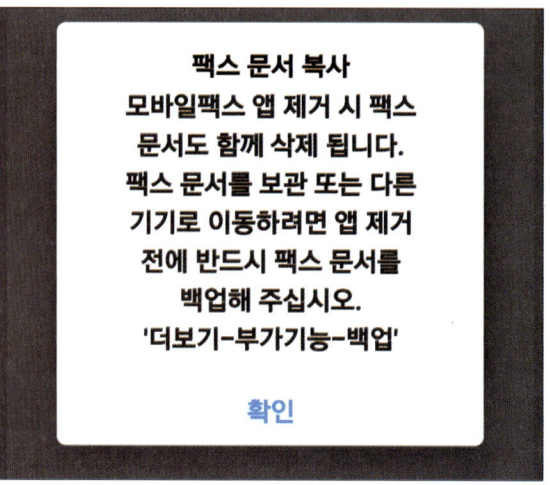

11) 사용하실 팩스번호 확인하시고 아래 [확인] 선택합니다.
12) 모바일팩스 초기화면 확인합니다.

 **모바일팩스로 팩스보내기**

1) 모바일 팩스 실행합니다.

사진 또는 문서 첨부 :

2) '사진/문서 첨부' 를 클릭합니다.

3) 갤러리에서 사진 불러오기 위해 [갤러리] 선택

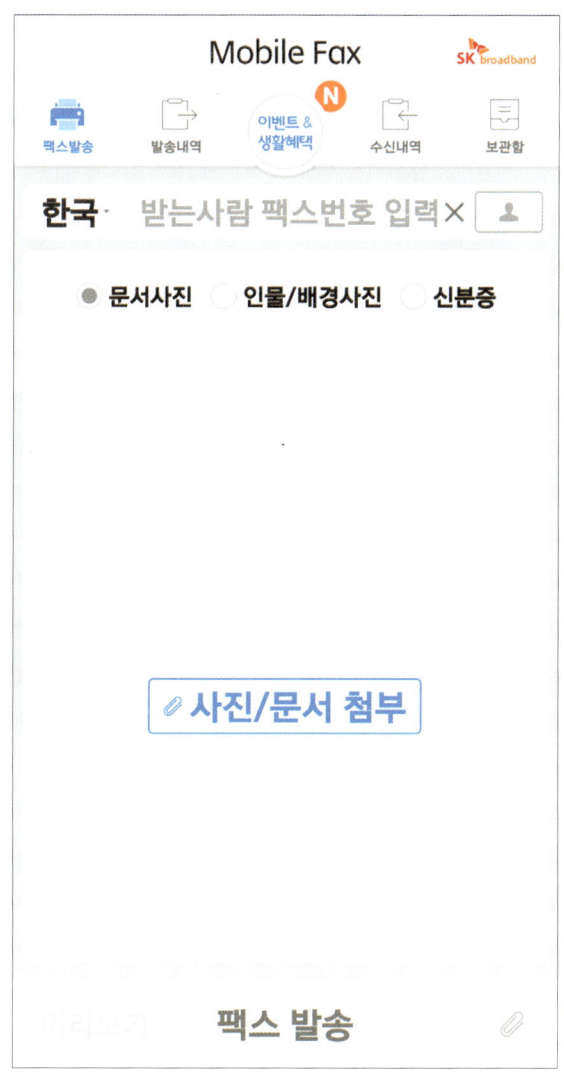 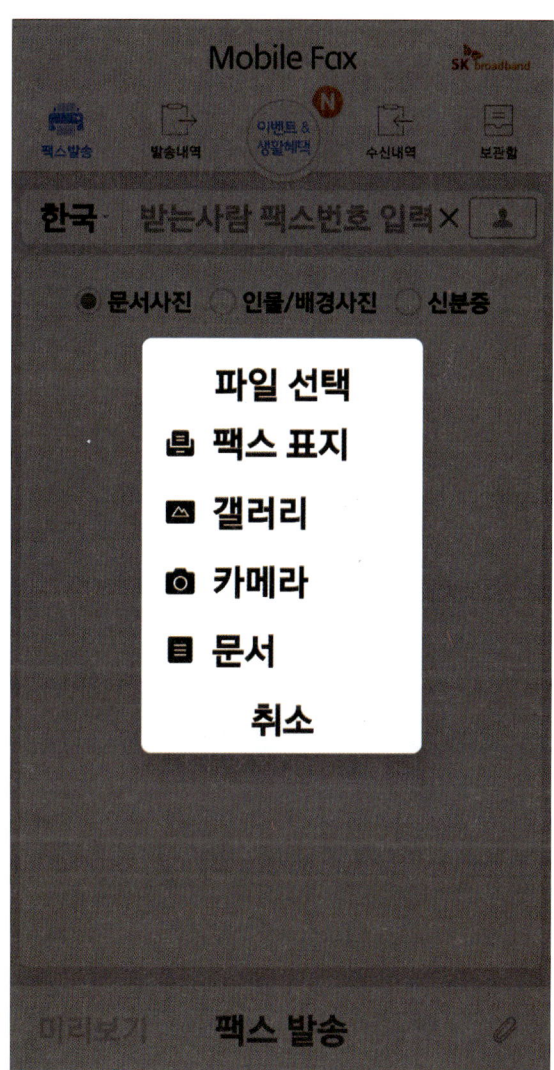

사진 또는 문서 첨부:

4) 팩스 보낼 이미지 선택합니다.

5) 상단 [선택]을 선택합니다.

6) 가장자리에 있는 화살표를 움직여 스캔할 영역을 설정합니다.

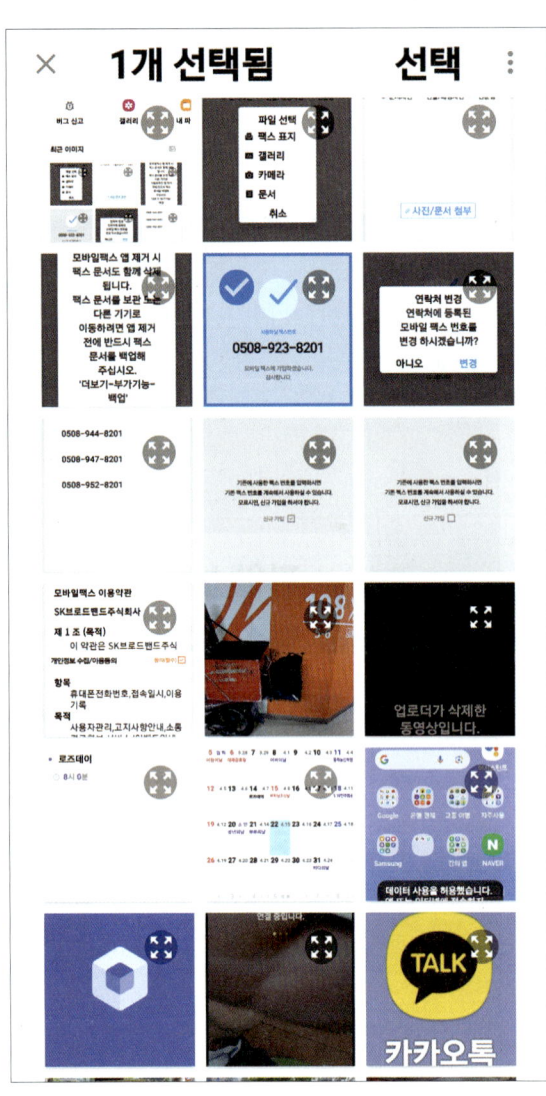 

7) 상단에 있는 체크 모양 단추를 눌러서 영역설정을 마칩니다.
8) 변경된 이미지를 사용하시겠습니까? [예] 선택

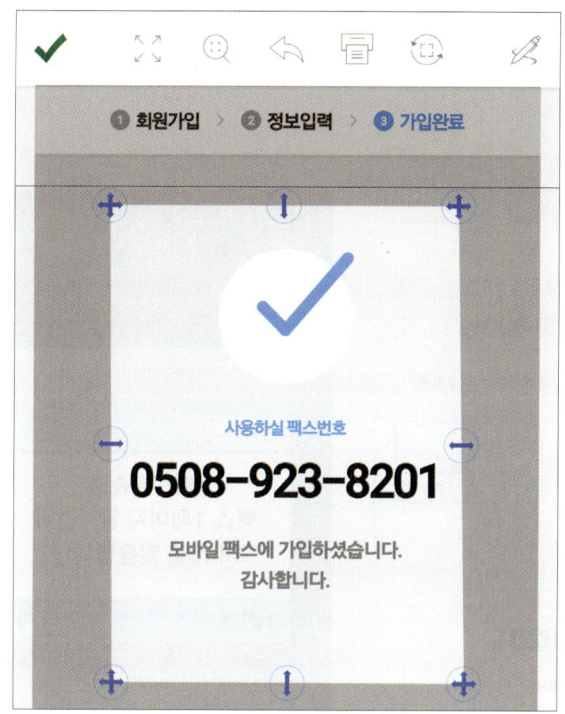 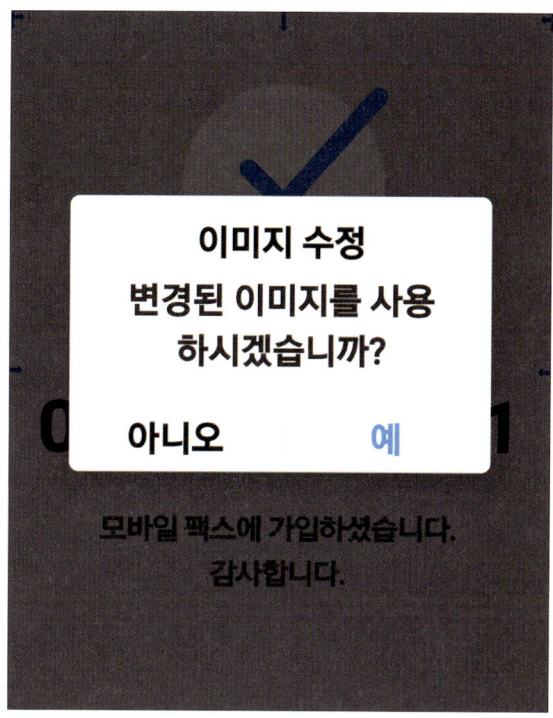

9) 모바일팩스 홈 화면으로 되돌아와서 선택한 이미지를 확인합니다.
10) 수신 팩스번호 (예 05089238201)입력합니다.

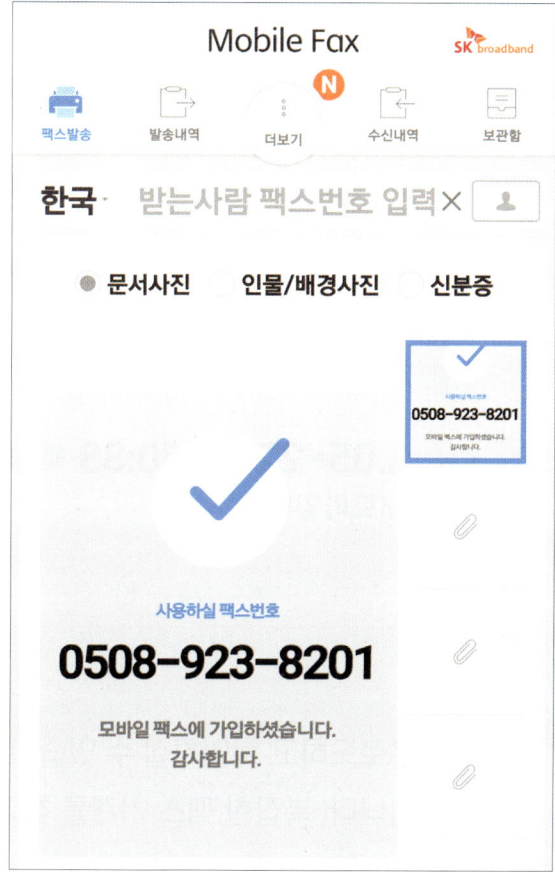 

11) 아래 [미리보기] 선택해서 수신되는 모양이 어떤지 확인합니다.
    (흑백으로 수신됨을 확인합니다.)

12) 팩스 발송 : 모든 파일을 첨부한 후 "팩스 발송" 버튼을 클릭하시면 됩니다

13) "팩스 발송 중"이라는 메시지와 함께 진행 상황이 표시됩니다. 팩스 1페이지 당 1건의 MMS를 발송합니다.

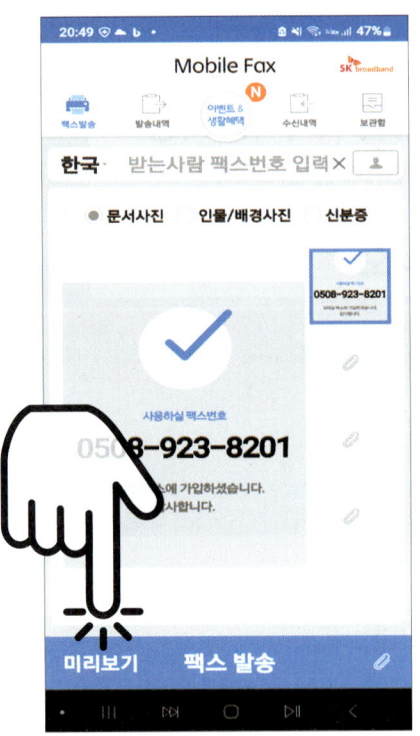 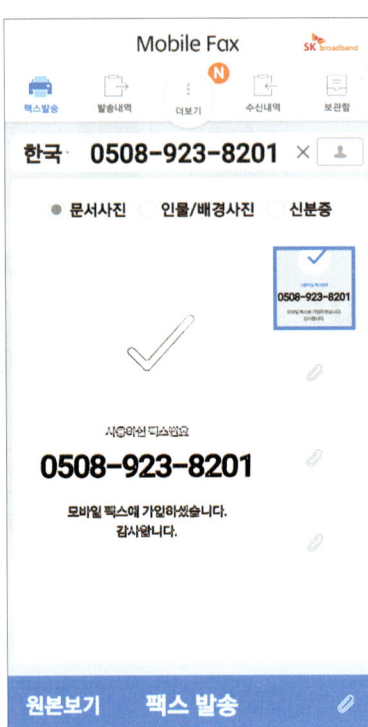 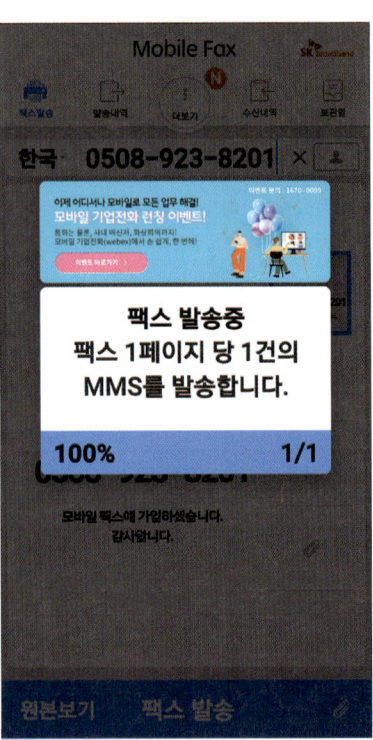

14) 발송 내역 확인 : [발송 내역] 선택합니다. 발송 내역에서 전송 결과를 확인하실 수 있습니다.

15) [발송완료]확인합니다.

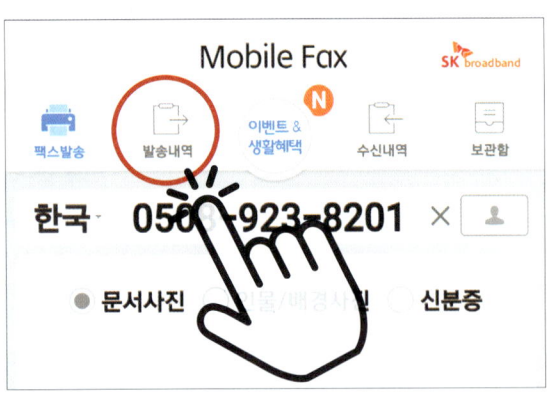 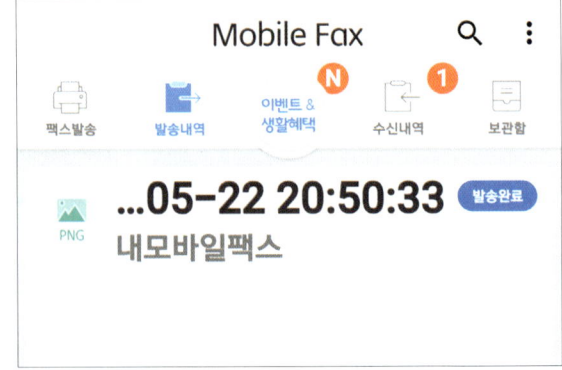

팩스 수신 확인 :

모바일팩스수신 내역을 확인하여 수신된 팩스 문서를 다운로드하고 확인하실 수 있습니다. 이제 모바일팩스를 이용하여 편리하게 팩스를 보내시면 됩니다! 복잡한 팩스 기계를 찾아다니지 않고 휴대폰으로 간편하게 팩스를 처리할 수 있습니다.

 코파일럿

1)

Play 스토어

2) 코파일럿 검색 후 [설치] 선택합니다.

3) 설치 완료 후 [열기] 선택합니다.

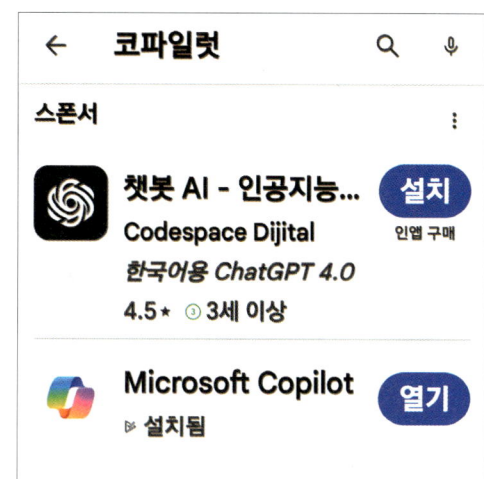

4)

코파일럿 실행

5) 계속 채팅 또는 건너뛰기 선택합니다.

6) 왼쪽 상단 더보기 선택

7) Copilot(코파일럿) 선택 → 무료서비스입니다.
<참고> Designer 등은 유료서비스입니다.

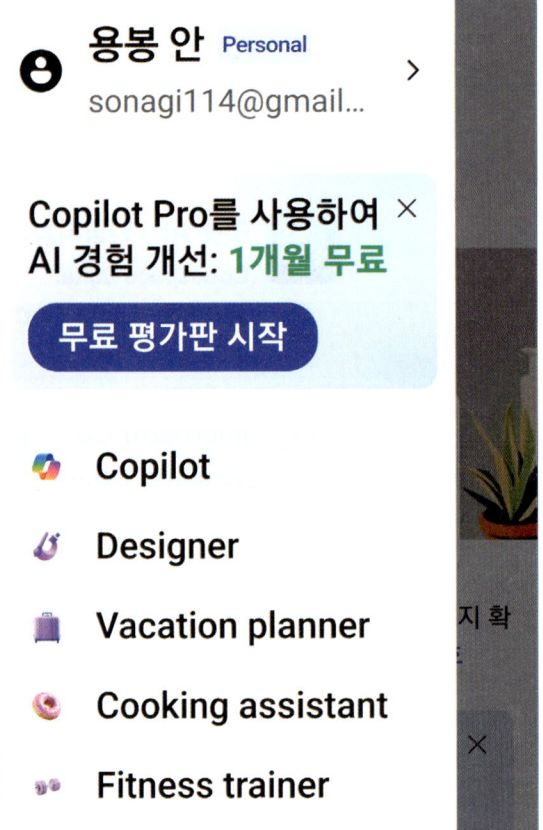

9) 질문하기 위해 입력창에 있는 마이크 모양을 누릅니다.

10) 앱 사용 중에만 사용 선택

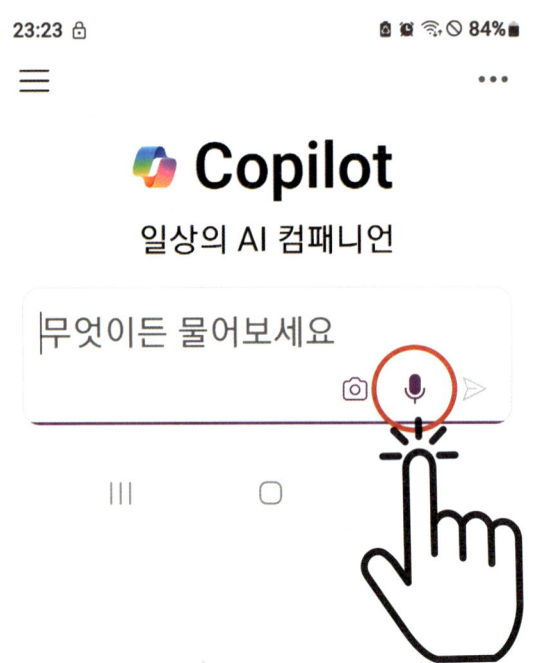

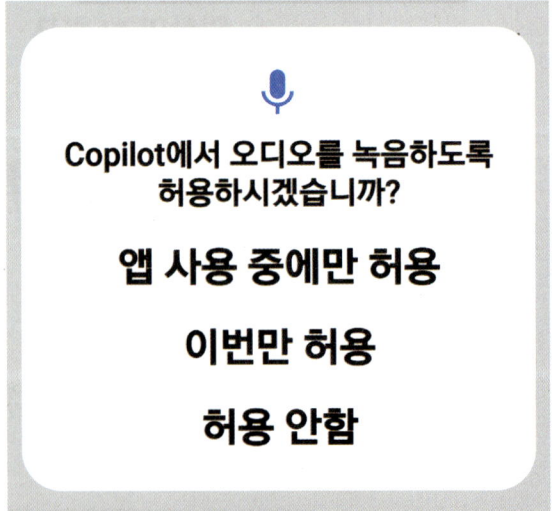

11) 직접 타이핑하시려면 키보드 모양 버튼 누릅니다.

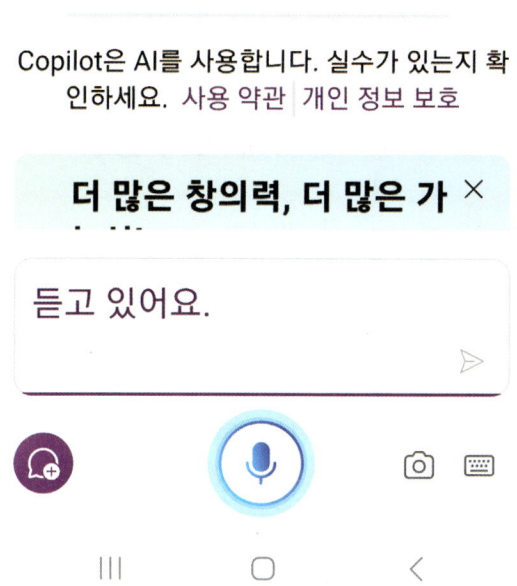

12) 무엇이든 물어보세요 창에 터치해서 커서를 놓습니다.

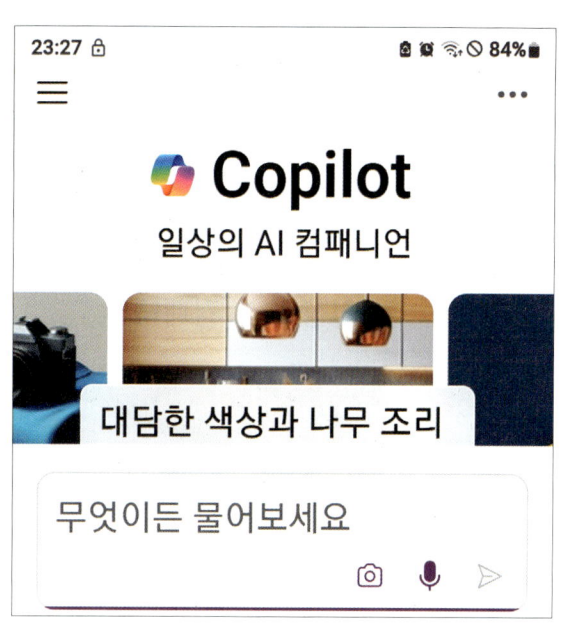

13) 질문 입력합니다. (예 와이파이 연결순서)
13-1) 비행기 모양 버튼 누릅니다.

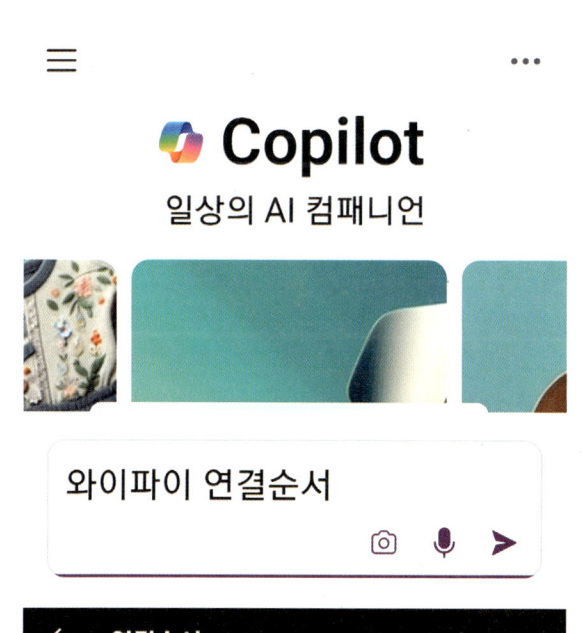

14) 코파일럿이 답변 생성하고 화면에 표시합니다.

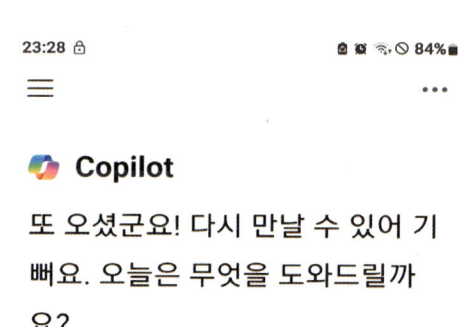

무선(Wi-Fi)와 유선(이더넷)을 동시에 사용할 때, 유선 연결을 우선으로 설정하는 방법이 있습니다. 이 설정을 변경하면 무선과 유선을 번갈아가며 연결할 때 유선이 우선적으로 연결됩니다. 아래는 두 가지 방법으로 설정을 변경하는 방법입니다:

15) 다음 질문을 위해 아래 무엇이든 물어 보세요를 터치합니다. 질문을 입력한 후 비행기 모양 터치합니다.

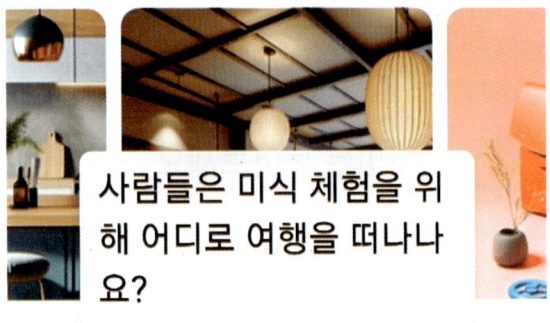

16) 코파일럿이 답변 생성하고 화면에 표시합니다. 표시된 답변을 확인합니다.

 ## 만보기(ITO Technologies제품) 설치

1) Play 스토어 앱을 실행합니다.

2) 검색창에 '만보기 ITO' 입력 후 검색

3) [만보기 어플] 선택

4) 설치 완료되면 [열기] 선택

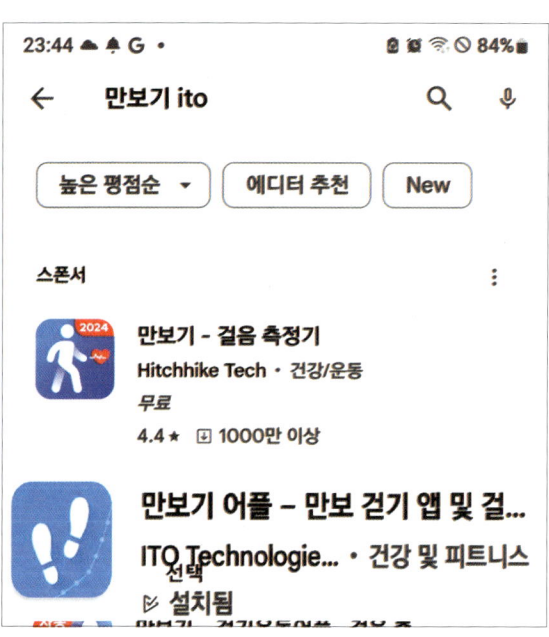

 ## 만보기 실행

1) [START](시작) 선택 : 만보기 시작

2) [STOP](중단) : 만보기 중단

3) 일 4) 주 5) 월 별로 확인 가능합니다.   5) 우측 상단 더보기 선택
6) [설정] 선택

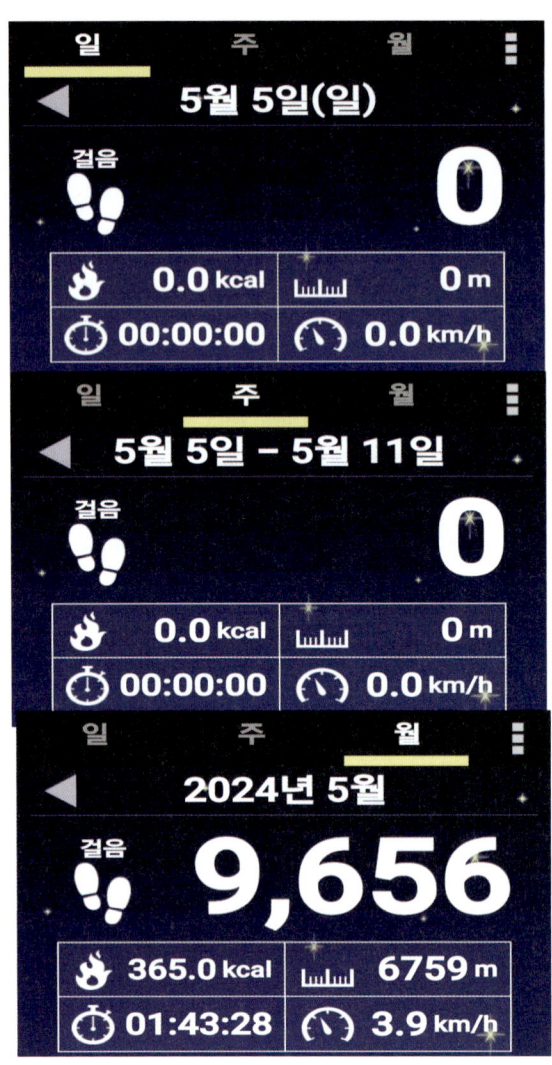
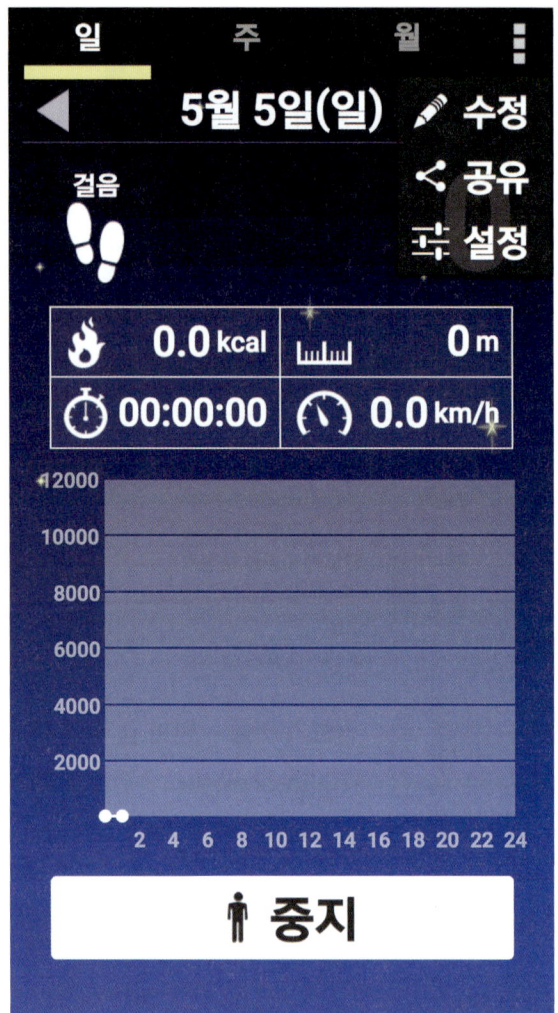

7) 만보기 기능 설정

8) [시작] 시간 선택/STOP(중단 시간) 설정

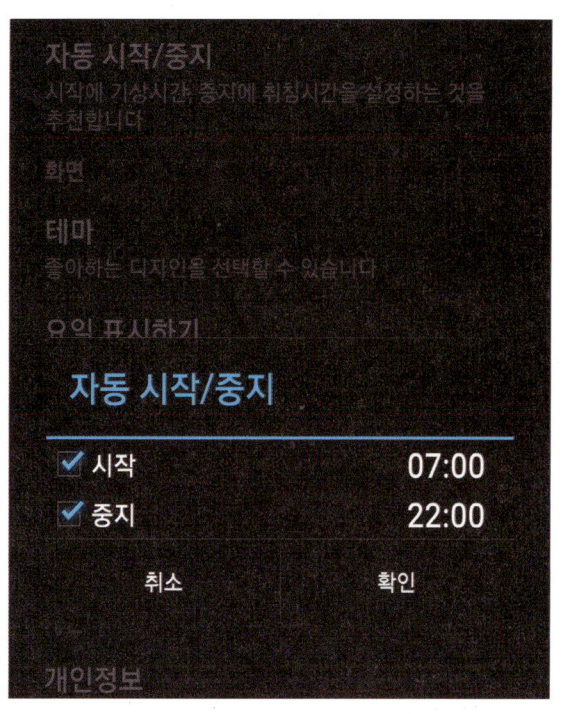

9) 시간 부분 위아래로 밀어서 설정합니다.
10) [확인] 선택

11) [중지] 선택

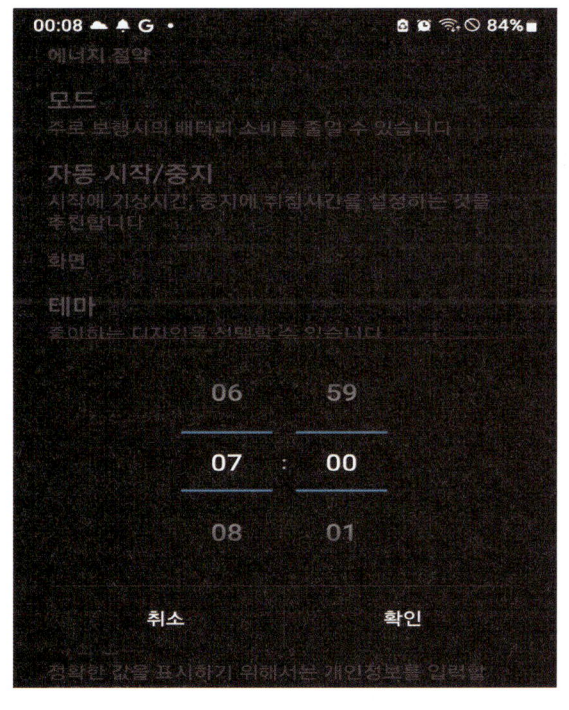
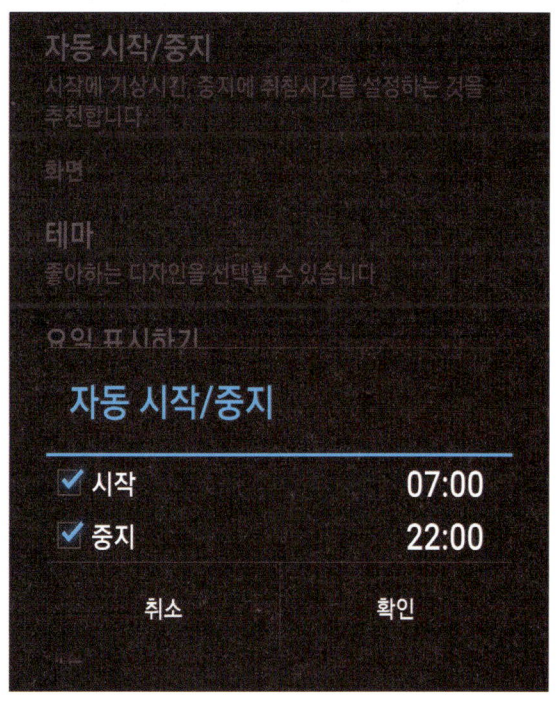

12) 시간 부분을 위아래로 밀어서 설정합니다.
13) [확인] 선택
14) 이전(<) 버튼 눌러서 홈 화면으로 돌아옵니다.
15) 걸음 수 확인

 **삼성 음성 녹음 설치**

1)

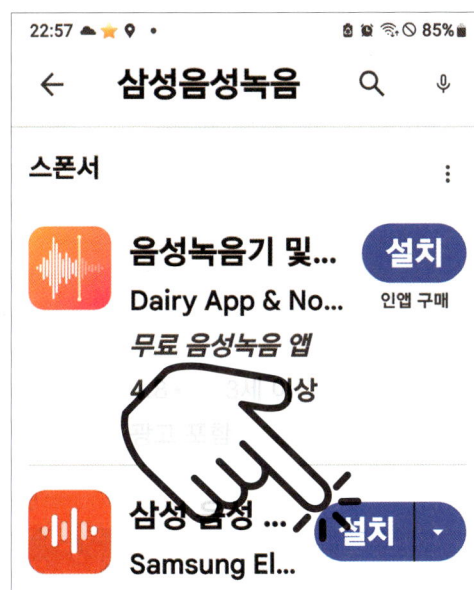

Play 스토어

2) 삼성 음성 녹음 [설치] 선택

3) 설치 끝나면 [열기] 선택

4) 앱 사용 중에만 사용 선택

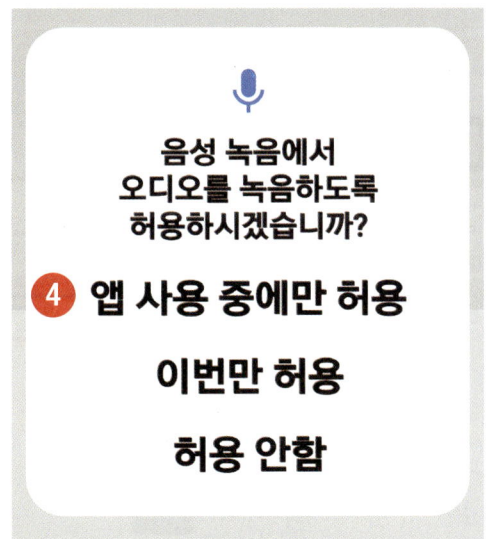

4-1) 음악과 오디오에 액세스하도록 허용하시겠습니까? [허용] 선택

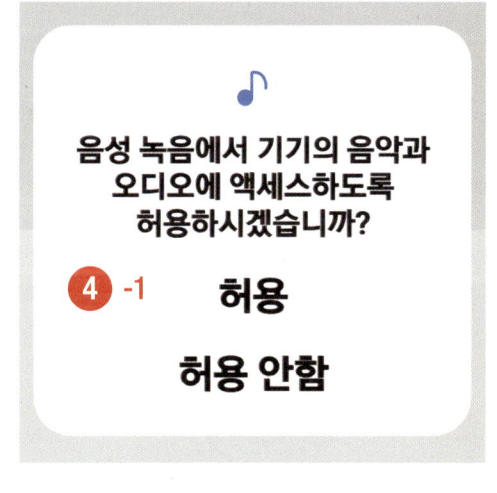

5) 내장 저장공간에 저장 선택

6) 음성 녹음 실행됩니다.
7) 녹음 시작단추(빨간버튼) 눌러서 녹음 시작합니다.

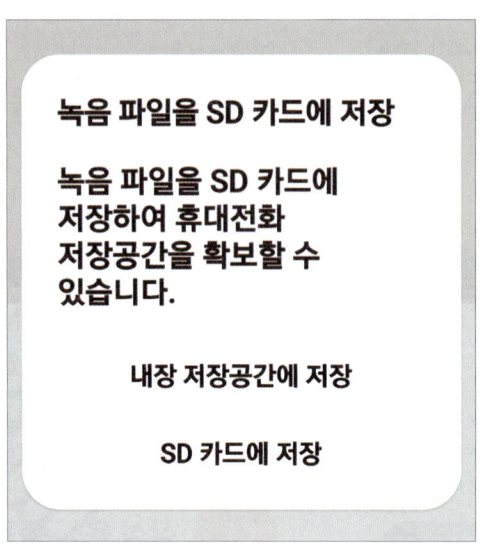
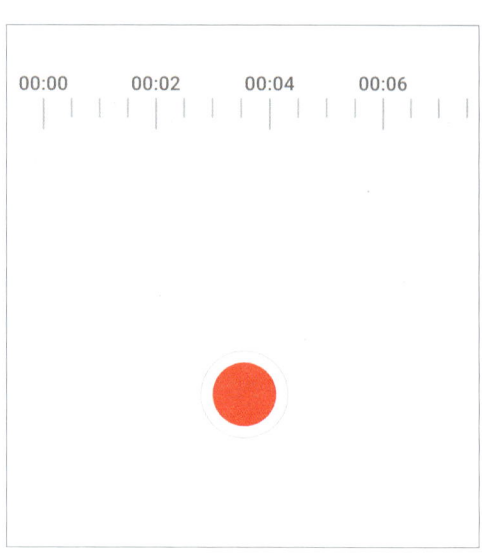

8) 타임라인이 이동하면서 녹음이 진행됩니다.
9) 중지버튼(■) 눌러서 녹음 중단 합니다.

10) 녹음파일제목 입력 후
11) [저장] 버튼 누릅니다.

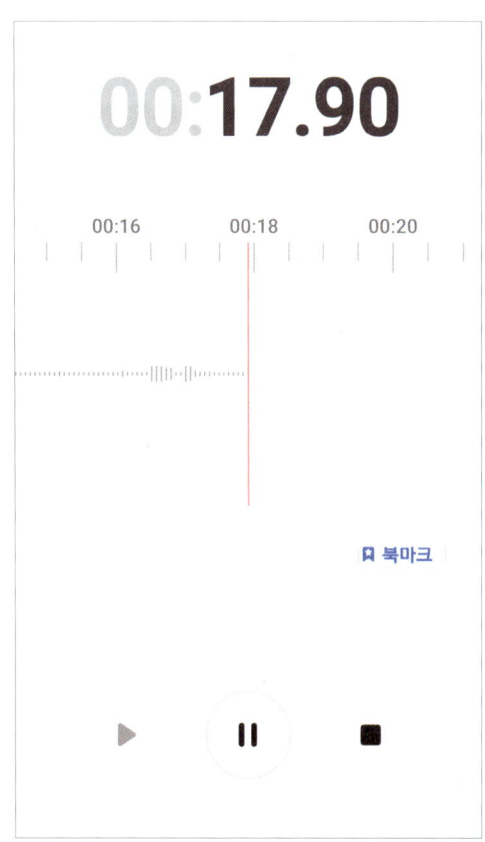
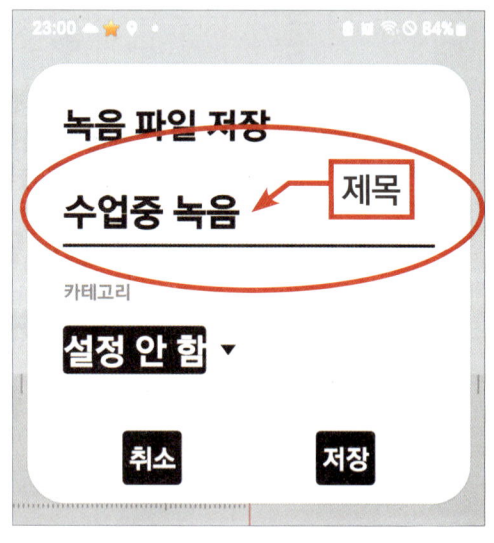

12) 녹음 확인하기 위해서 상단에 [목록]을 선택합니다.

13) 녹음 파일 목록이 보입니다. 최신 순으로 정렬

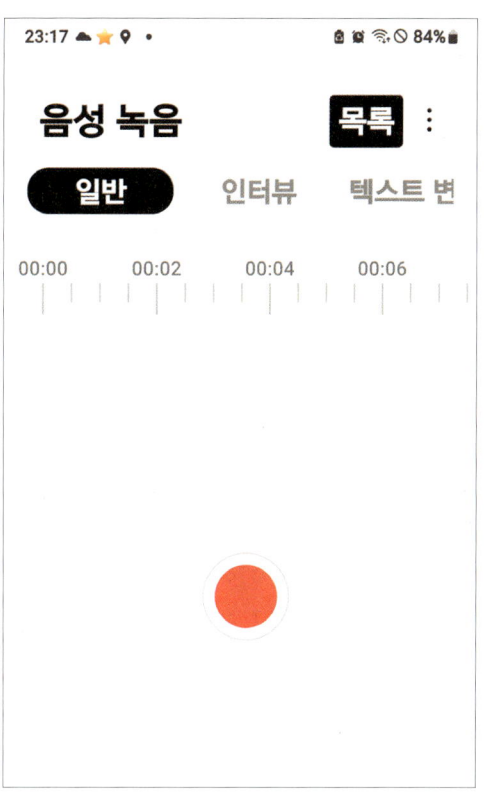

14) 듣고 싶은 녹음파일 재생버튼(▶)을 누르면 녹음이 재생됩니다.

15) 일시정지(∥) 누릅니다.

16) 상단에 < (이전단추) 누릅니다.

유튜브에서 영상보기

1) 유튜브 앱 실행합니다.

2) 유튜브 첫 화면(홈 화면) 확인

유튜브 홈 화면(첫 화면) 살펴보기

2) 유튜브 로고 – 로고 있는 페이지가 홈 화면입니다.

3) 검색 – 찾고 싶은 영상 검색창 여는 버튼입니다.

4) 홈 버튼 – 유튜브 메인화면으로 이동합니다.

5) Shorts – 60초 이내 짧은 영상 모음

6) 구독 – 구독은 사용자가 좋아하는 채널들을 쉽게 관리하고, 새로운 콘텐츠를 빠르게 확인할 수 있는 방법입니다. 구독은 무료이며, 유료 멤버십과는 다른 개념입니다.

7) 나 – 내 정보를 볼 수 있는 메뉴입니다.

시청기록

7-1) 화면 하단의 '나' 탭을 선택합니다.

7-2) 기록 항목에서 시청했던 영상 찾아서 봅니다.

 ## 유튜브 화면 가로로 돌려 넓게보기

가로로 돌리기
화면 가운데 부분 위로 밀어올리기

세로로 돌리기
화면 가운데 부분 아래로 밀어 내리기

영상 보기 단추는 화면을 살짝 눌러야 화면에 뜹니다.

 ## 유튜브에서 채널 검색하기

채널이란? 유튜브 개인방송

유튜브 아이콘

1) 유튜브 실행　　2) 상단 검색(돋보기 모양) 선택
3) 마이크 선택　　4) '안용봉 소나기' 음성입력합니다.

<참고> 채널ID로 검색하시면 좀 더 빨리 검색하실 수 있습니다.

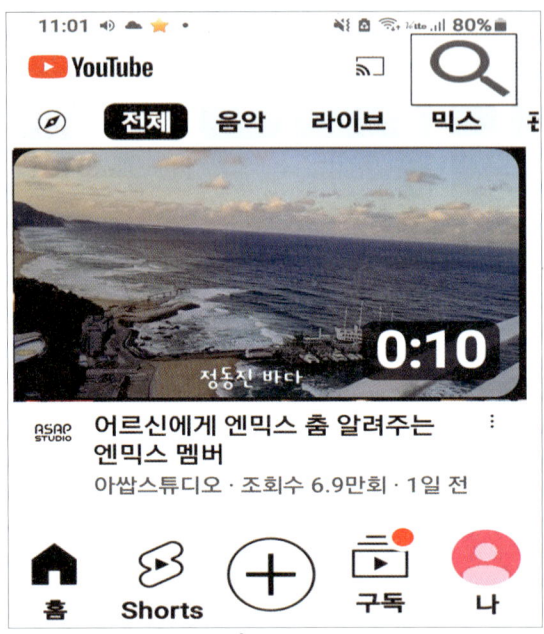
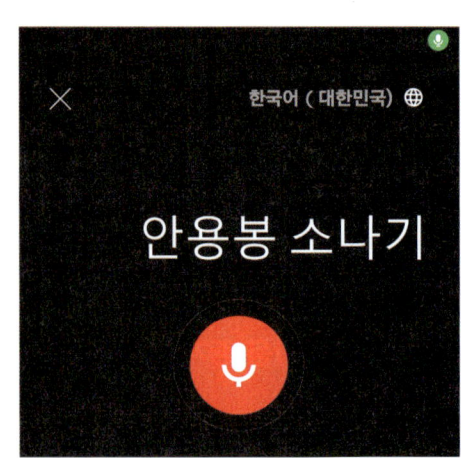

5) 검색된 채널 중 '안용봉 소나기' 선택

6) 안용봉 소나기 채널명

7) @itlecture114 채널 ID

　채널 검색 시 채널ID로 검색하시면 좀 더 빨리 검색할 수 있습니다.

8) 홈 : 채널 내 첫 페이지

9) 동영상 : 동영상 모음

10) Shorts : 1분 이내 영상 모음

유튜브에서 영상 검색하기

유튜브
아이콘

1) 유튜브 실행　　2) 상단 검색(돋보기 모양) 선택
3) 검색창에서 영상 이름(예 무비콘 영화) 입력합니다.
4) 목록에서 '무비콘 영화' 선택

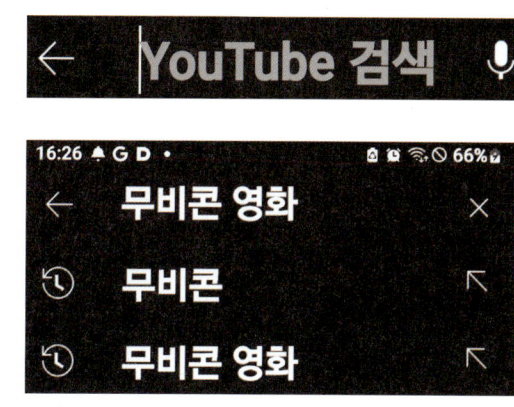

5) 무비콘 영화 채널 이름 선택

6) 무비콘 영화 채널 방문 확인

유튜브 추천 검색어

영화	'영화 벤허', '영화 사운드 오브 뮤직' (참고 : 총 재생시간을 확인하여 1시간 이상짜리를 선택합니다.) 영화 태극기 휘날리며
여행 휴식	'힐링영상 봄', '힐링영상 바다' '힐링영상 스위스', '이화동 워킹투어' **<참고>** 힐링 : 치유, 워킹 : 걷기, 투어 : 여행
건강	'EBS 명의 위암'(국내권위자) '생로병사의 비밀 허리통증'
정보	'보이스피싱 피해' '어르신 정보', '어르신 일자리' 주의 : 가짜 뉴스 주의합니다.
강의	'초등 영어회화' '부동산 기초상식'
생활 영상	'허리디스크 허리 운동' '고관절 운동' '피클 만들기'

 ## 스텔라브라우저로 연결해서 다운로드 받기

유튜브 앱(스마트폰)에서 노래 검색 음악듣기

1) 네이버 앱 실행합니다.

2) 네이버 검색창을 터치합니다.

3) '스텔라브라우저' 입력합니다.

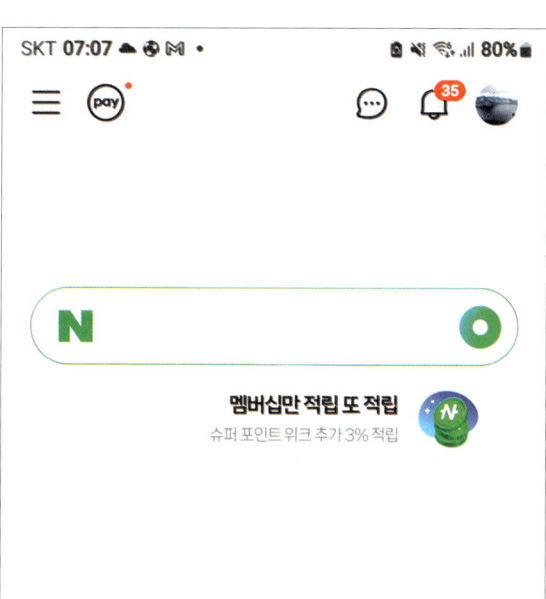

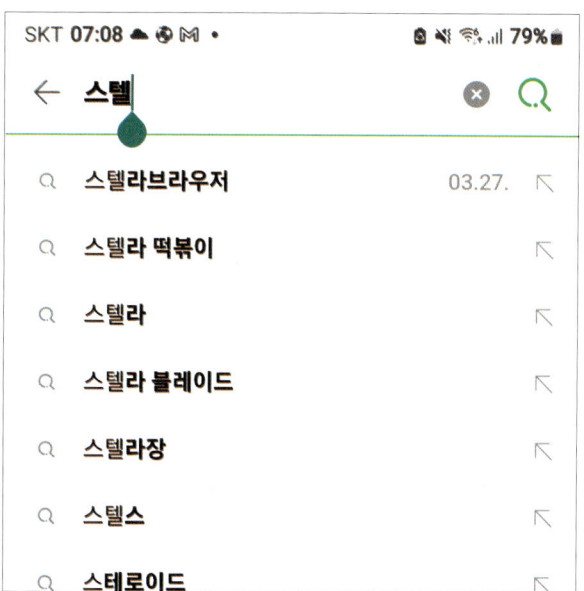

4) 검색된 '스텔라브라우저' 앱 정보를 선택합니다.

5) [다음에] 선택합니다.

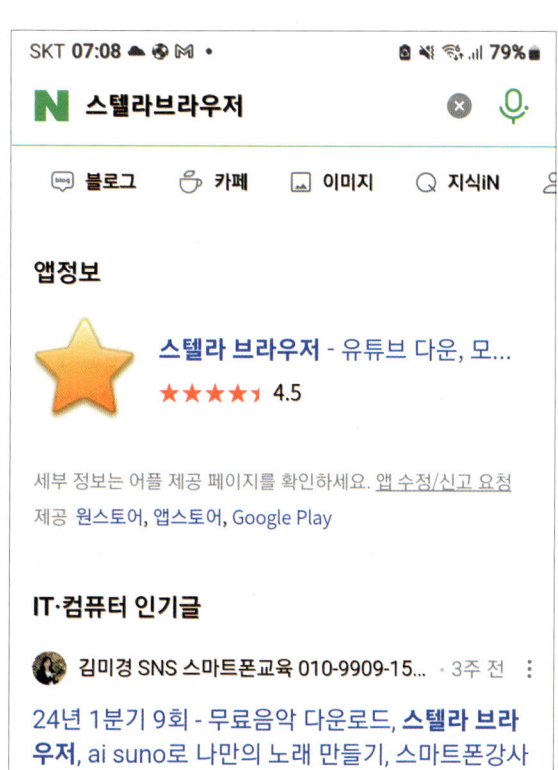

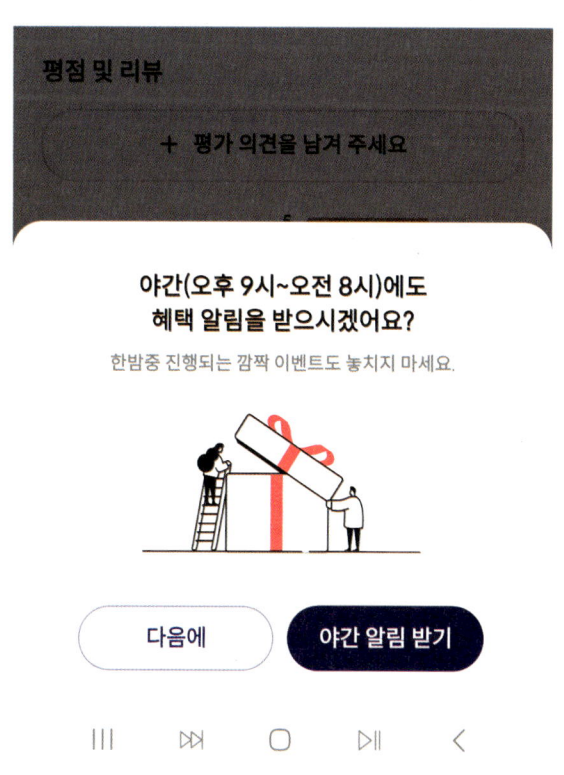

6) [설치] 선택합니다.　　　　7) 설치 진행 중입니다.

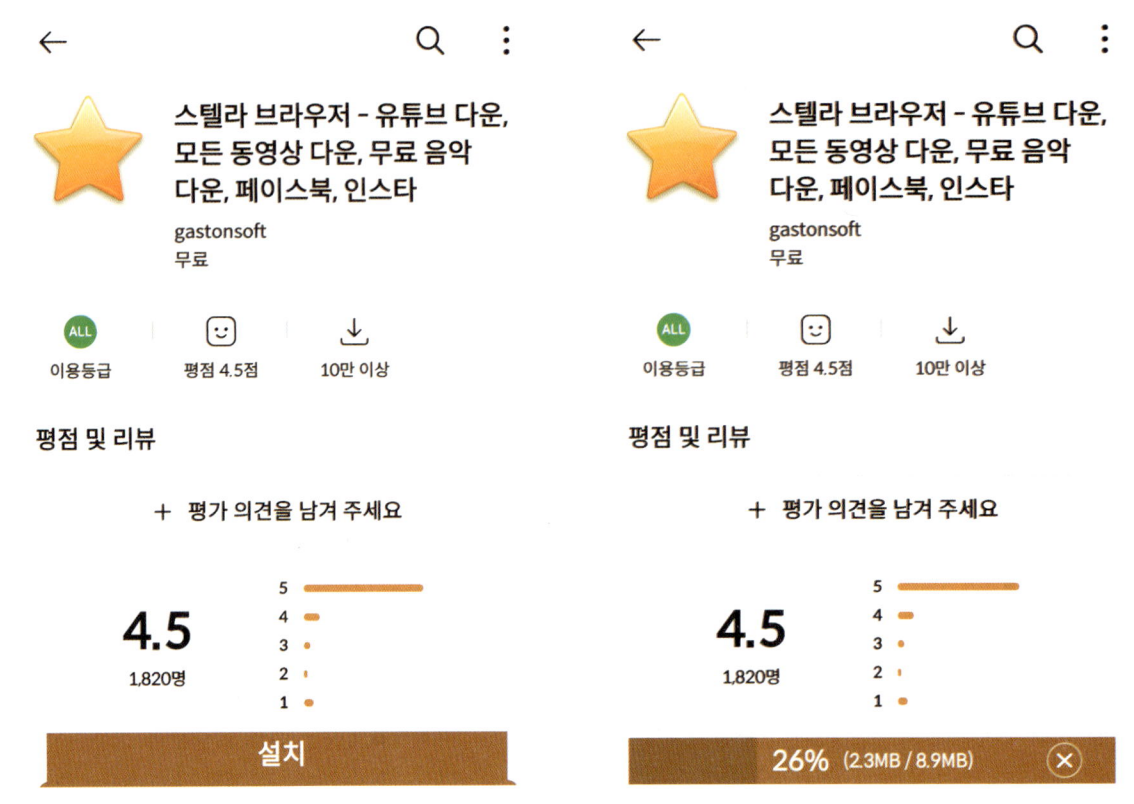

8) 설치완료 되면 [실행] 선택합니다.　　9) 홈 화면에서 '스텔라브라우저' 실행합니다.

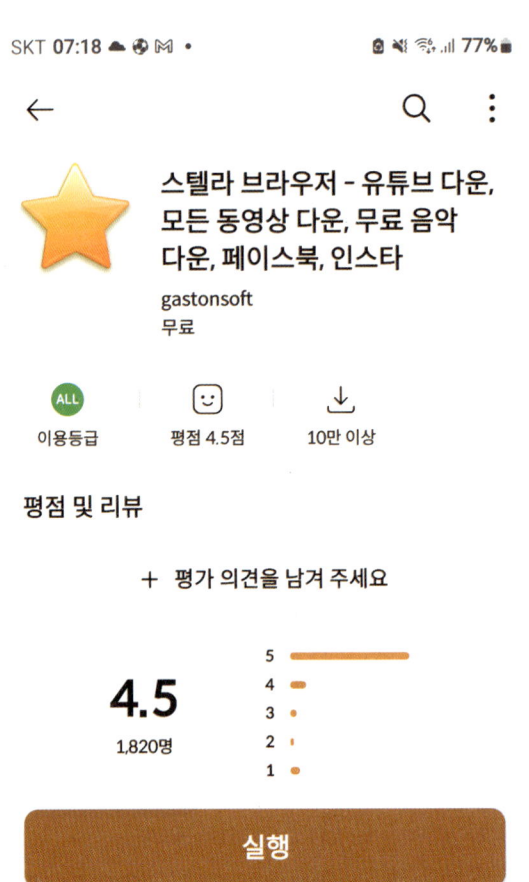 

10) [확인] 선택합니다.

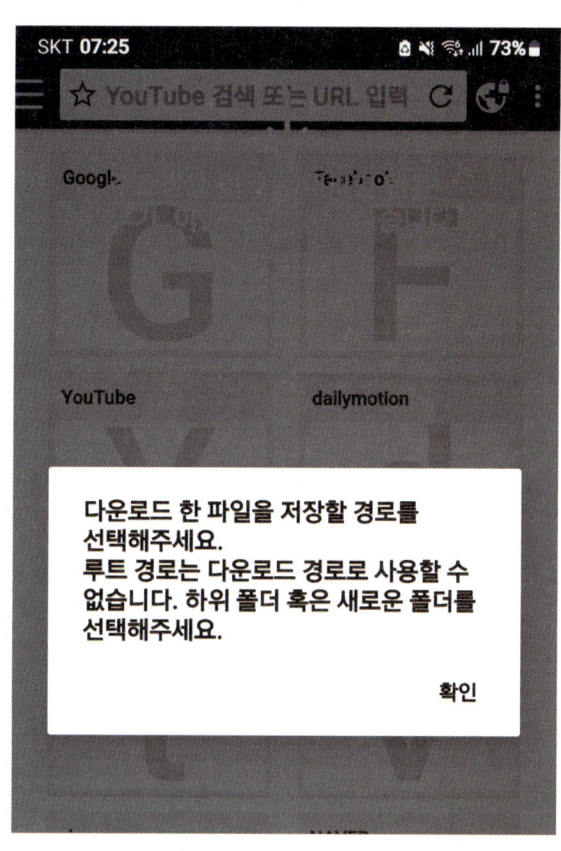

11) [이 폴더 사용] 터치합니다.

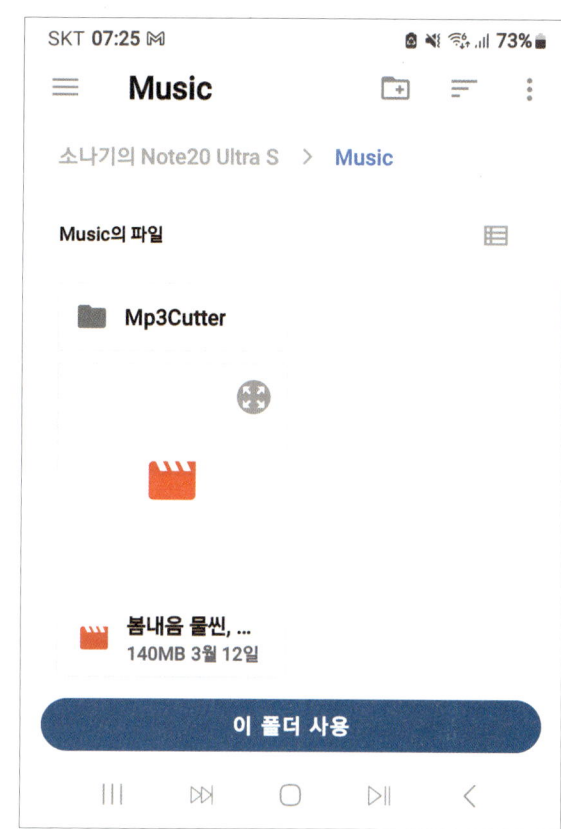

12) [허용] 선택합니다.

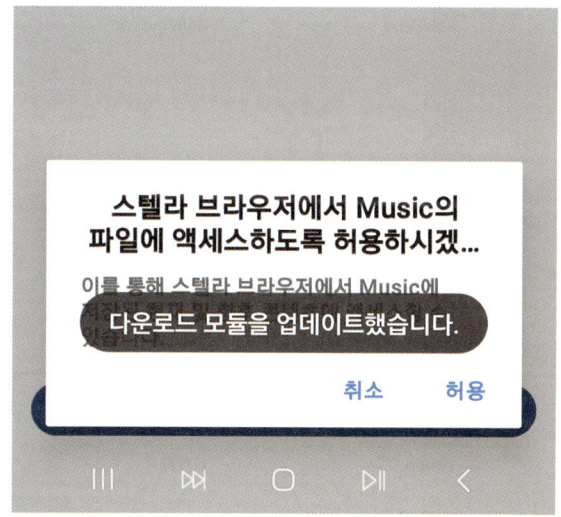

13) [확인] 선택합니다.

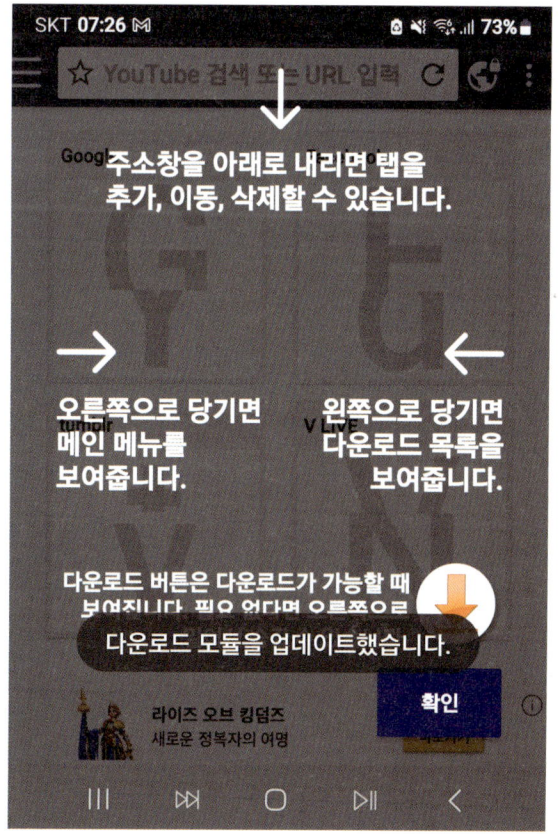

14) [확인] 선택합니다.

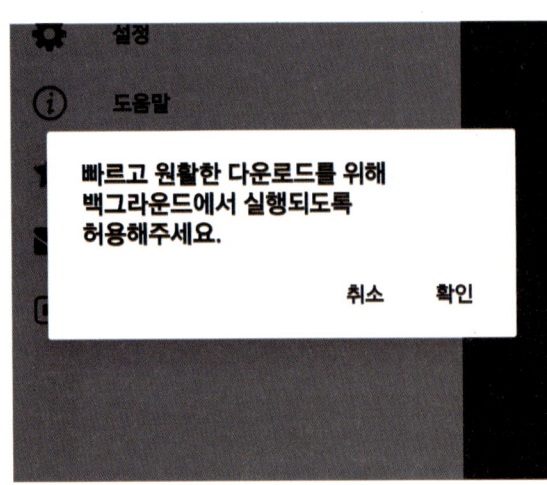

15) [허용] 선택합니다.

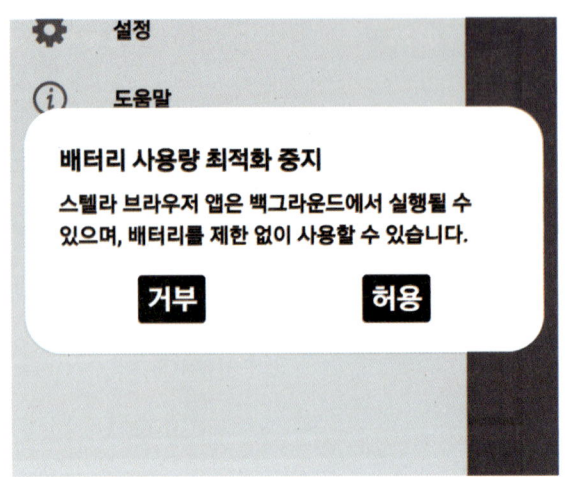

16) 메뉴 화면을 왼쪽으로 밀어서 숨깁니다.

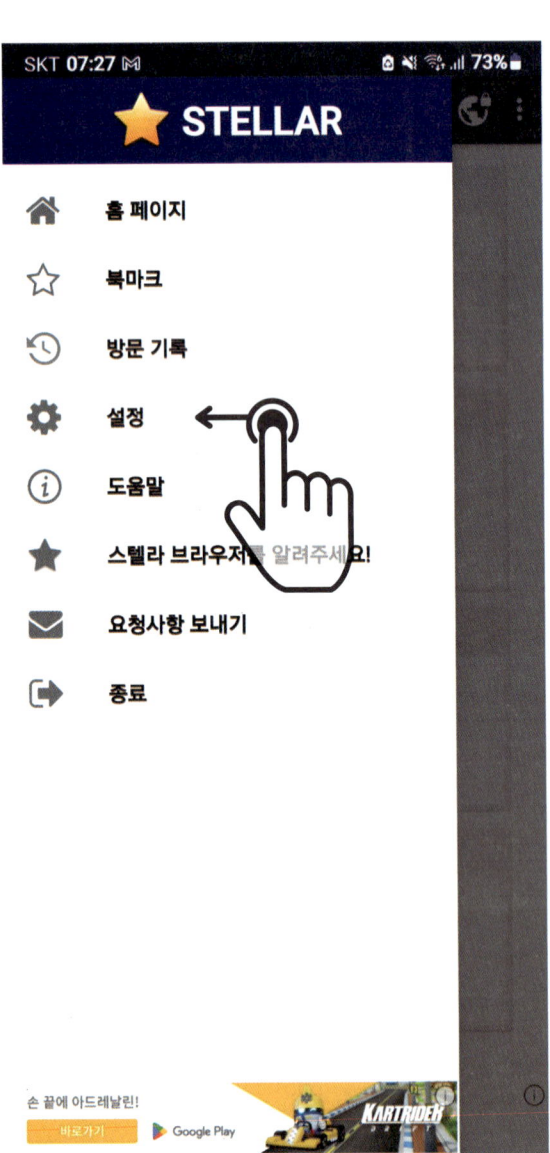

17) Youtube 사이트를 선택합니다.

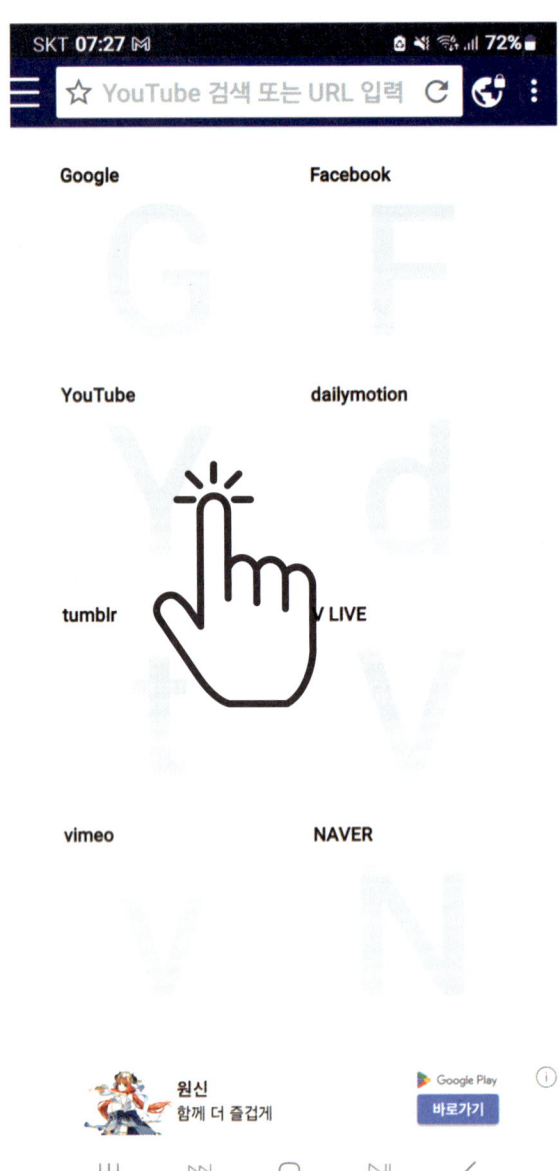

18) 유튜브 홈 화면이 실행됩니다.

19) 노래제목 (예 10월의 어느 멋진 날에) 입력 후에 목록에서 선택합니다.

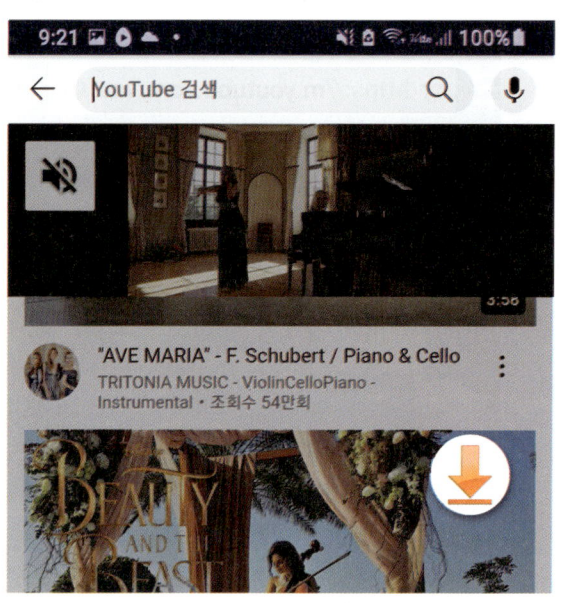

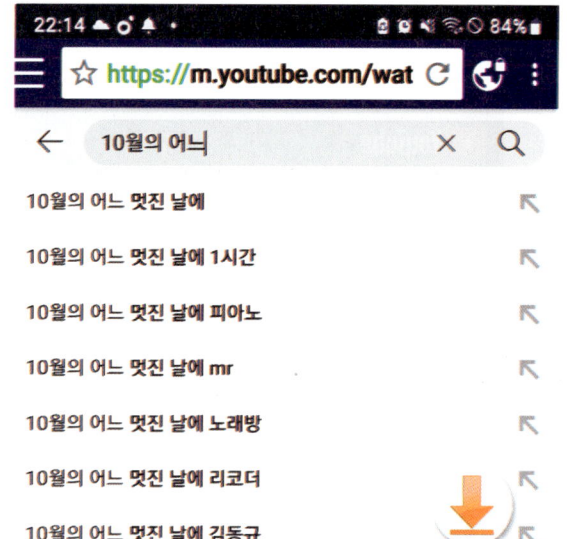

20) 검색된 여러 영상 중 1개를 선택합니다.

21) 아래 [다운로드] 단추 터치합니다.

22) 음악 재생을 확인합니다.

23) 연결에 실패했습니다. 메시지가 뜨는 경우 – 인터넷 불안정한 상태입니다.

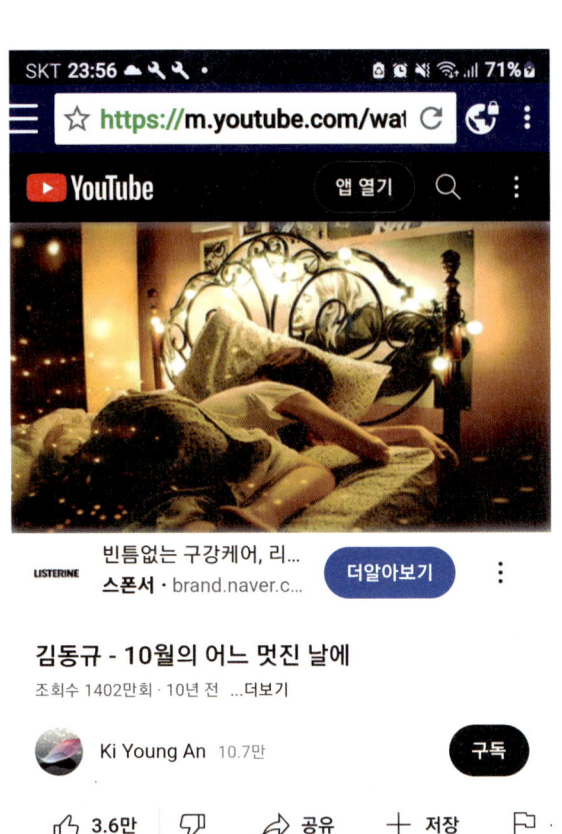
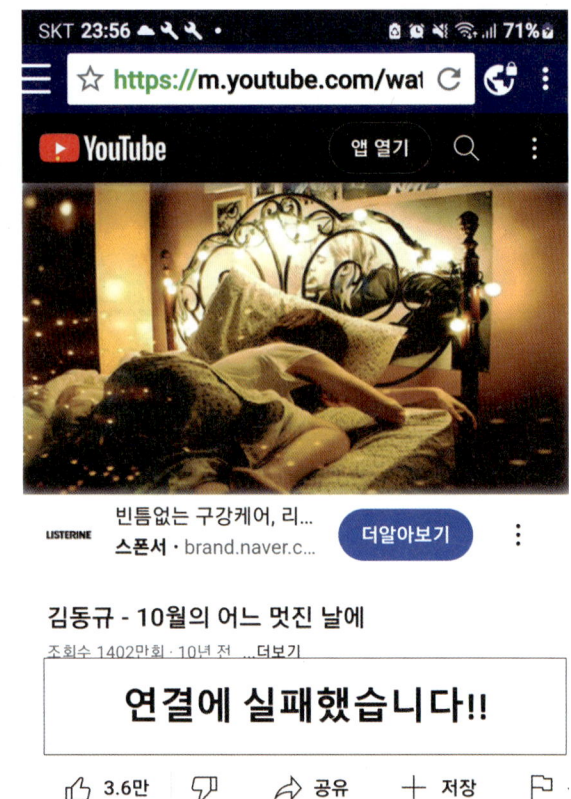

24) 다시 한 번 아래 [다운로드] 단추 터치합니다.

25) Music 중 가장 높은 음질을 선택합니다.

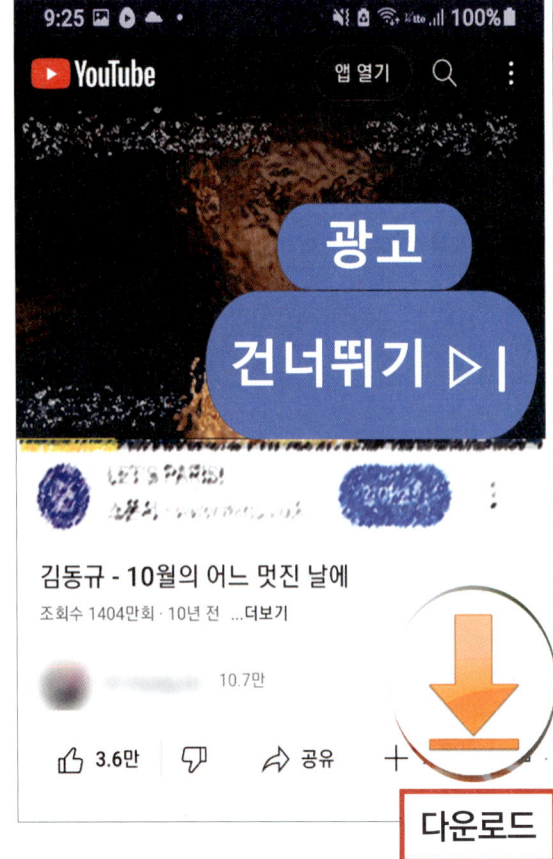
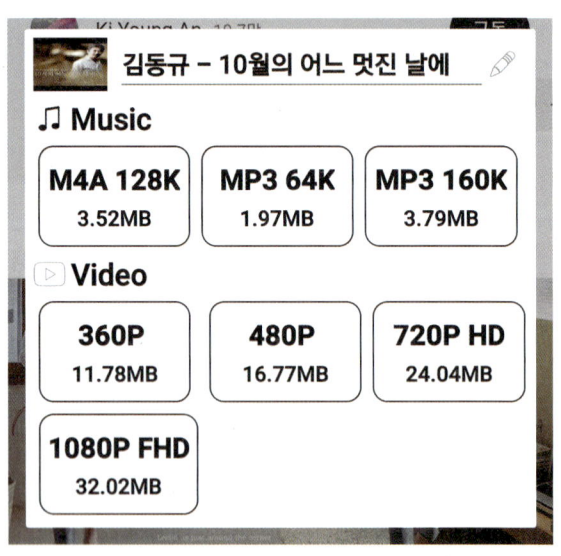

<참고>

♪Music – 소리만 다운로드 숫자가
　　　　높을수록 음질이 높음
Video – 영상과 소리까지 다운로드
　　　　숫자가 높을수록 화질이 높음

26) 다운로드를 완료했습니다.

27) 더보기(:)를 터치합니다.

28) 다운로드 목록 선택합니다.

29) 다운로드된 노래제목 선택합니다.

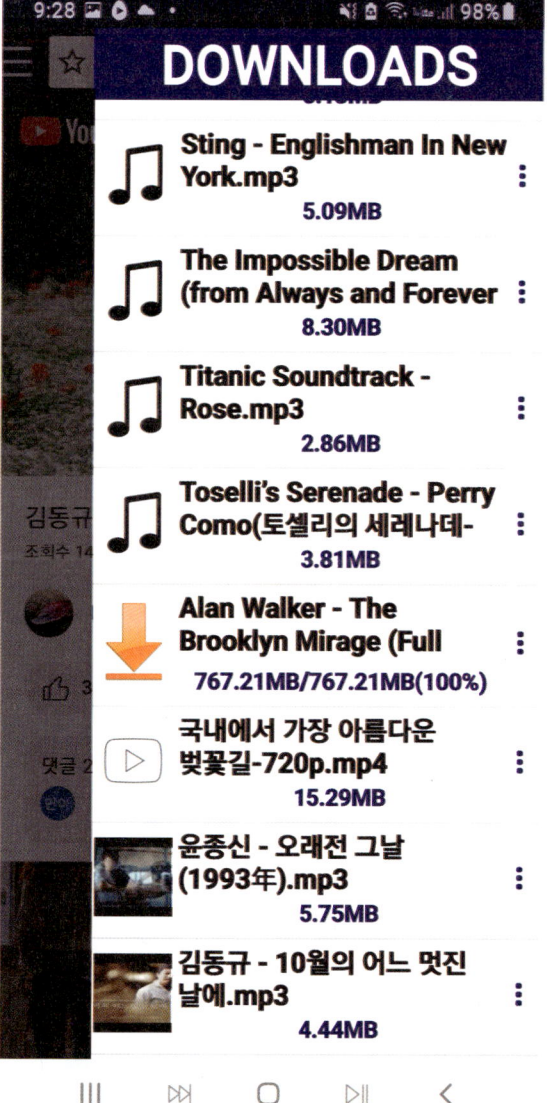

30) 사용할 애플리케이션 중 Samsung Music 앱 선택 후 [항상]를 선택합니다.

31) 음악 재생기가 실행됩니다. 음악 재생을 확인합니다.

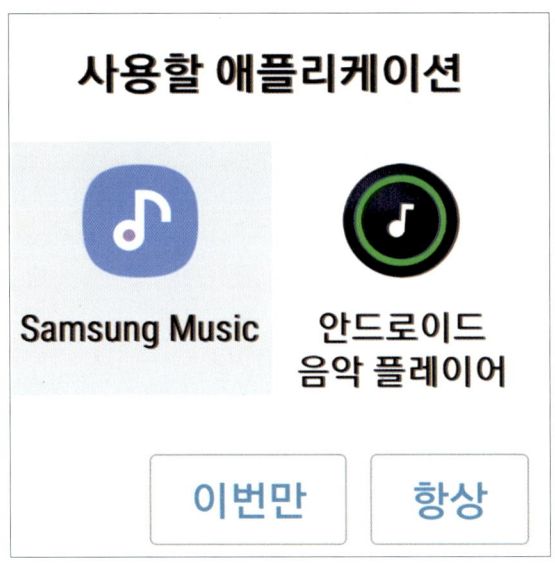
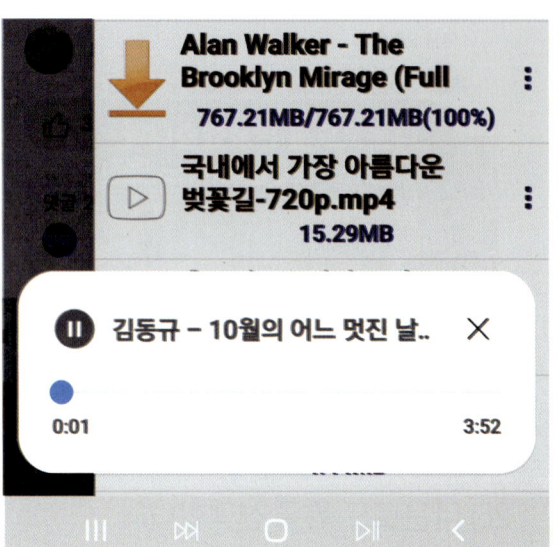

배달의 민족 설치

1)

Play 스토어

2) 검색창에 터치

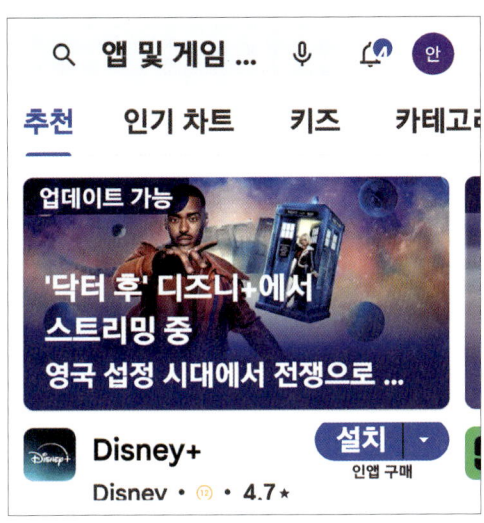

3) 배달의 민족 입력
4) [설치] 선택

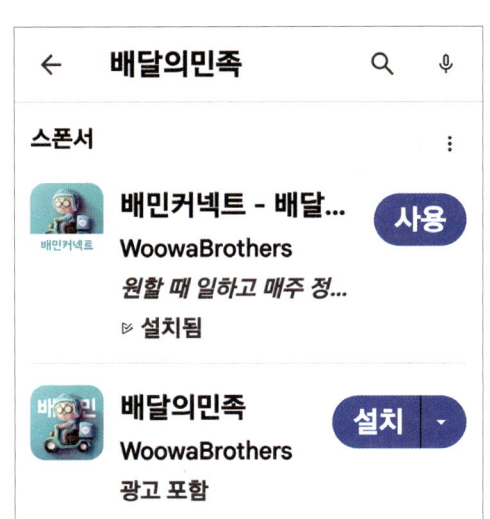

5) 설치완료 되면 [열기] 선택

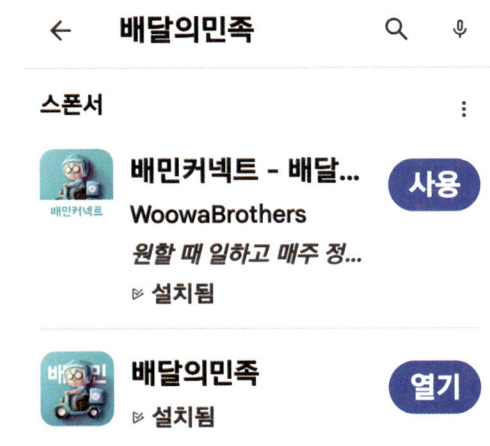

6) 배달의 민족 실행

설치완료 후 첫 로그인

접근권한 허용 [확인] 선택

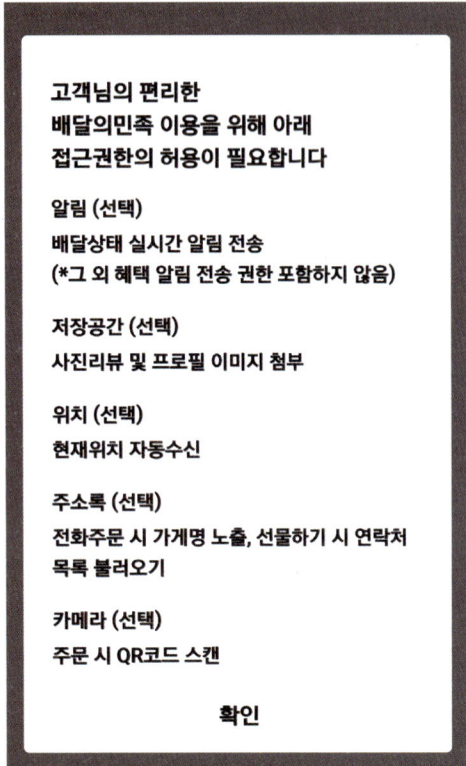

알림 허용 [허용] 선택

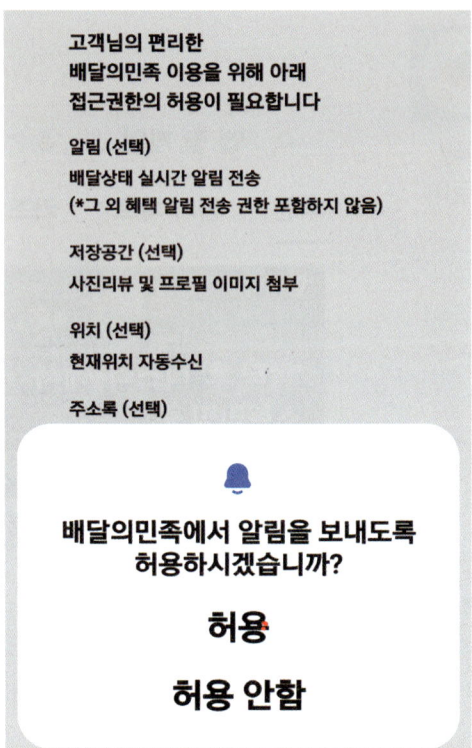

1) 약관 동의 [전체동의] 선택

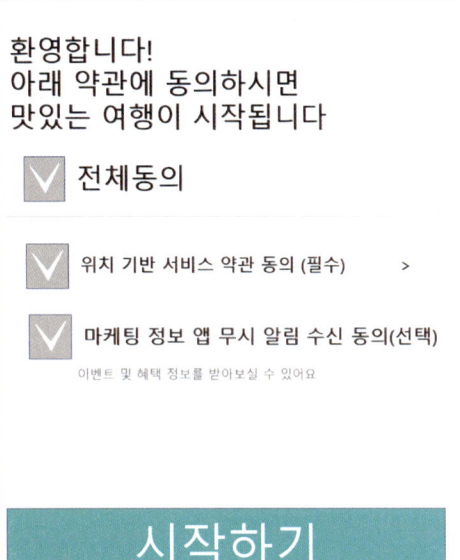

2) 주소 입력합니다.

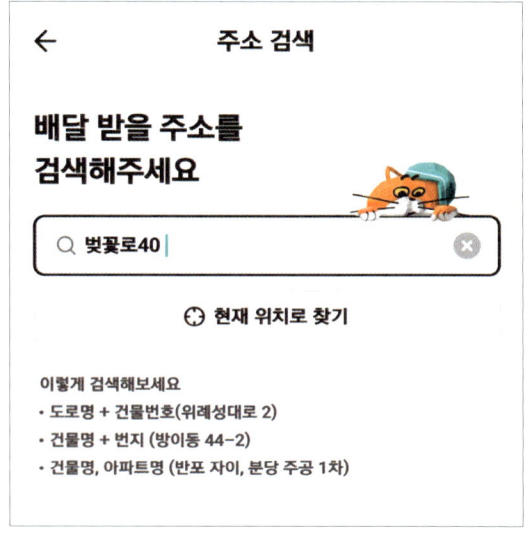

3) 상세주소 입력 합니다.

4) [주소 등록] 선택

5) 첫 화면 [배고파서 나중에 볼게요] 선택

배달의 민족 회원가입과정

1)

배달의 민족 실행

2) 네이버로 계속하기

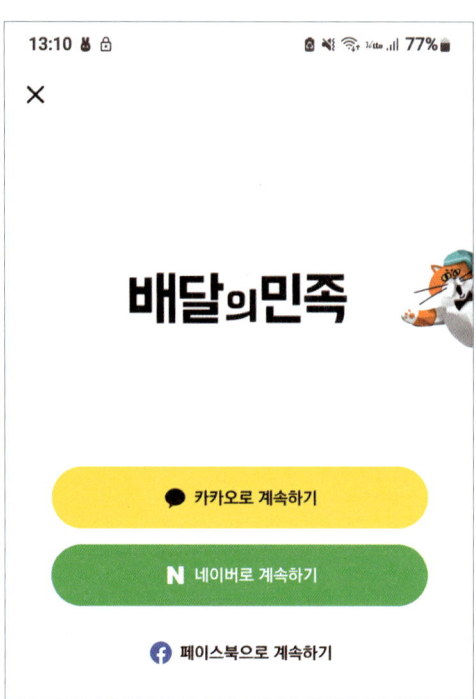

3) 회원가입 선택

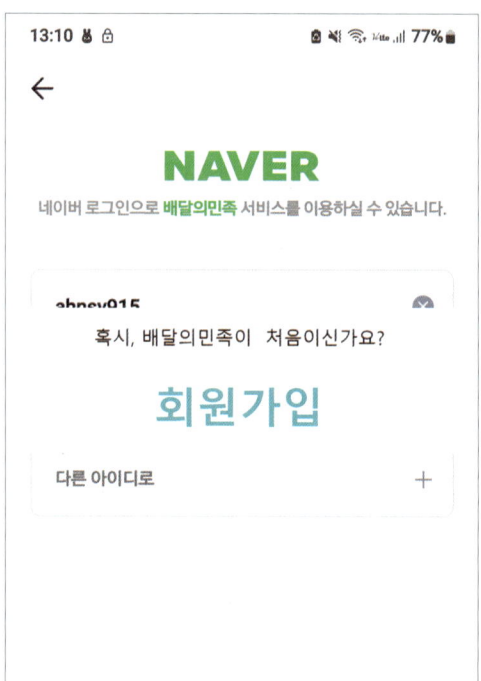

2) 닉네임   3) 비밀번호
4) 생년월일 입력 후 [완료] 선택합니다.

6) 전체 동의하고 인증번호 받기 선택합니다.

7) 약관 동의
8) [다음] 선택

9) 닉네임(별명) 입력 후
10) 가입 완료하기

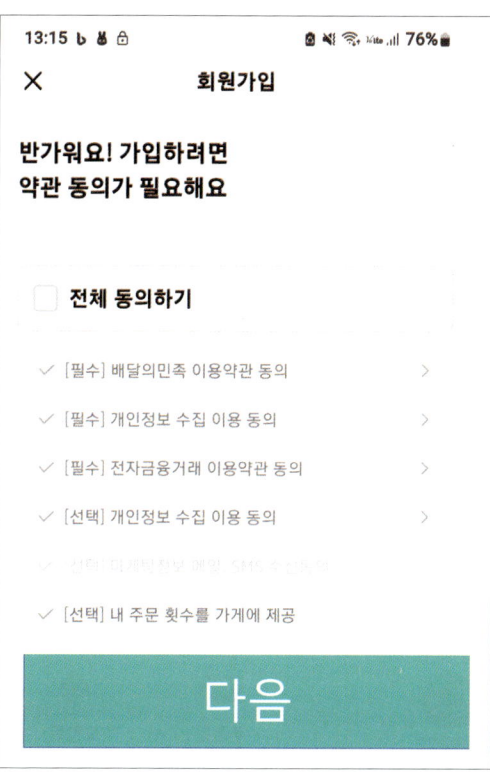
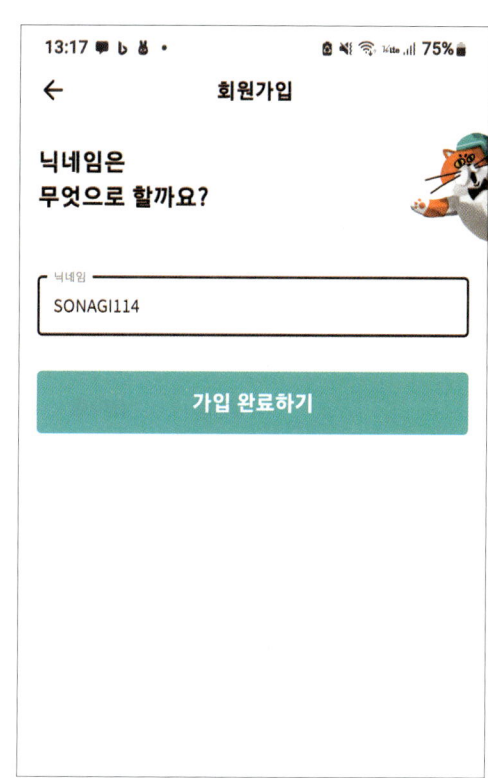

11) 고마운 분, 닉네임 확인되면 가입완료 됐습니다.

휴대폰 번호로 재로그인 과정

1)  배달의 민족 실행

2) 하단 [my배민] 선택

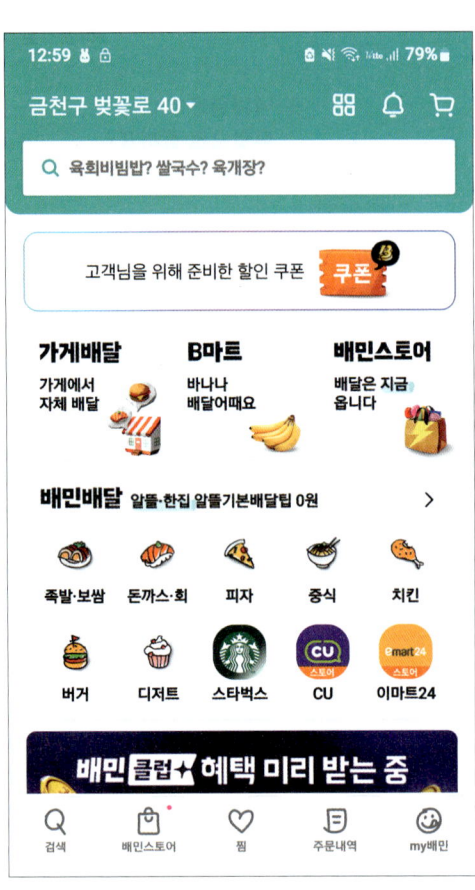

3) 로그인하고 시작하기

4) 휴대폰번호로 계속하기

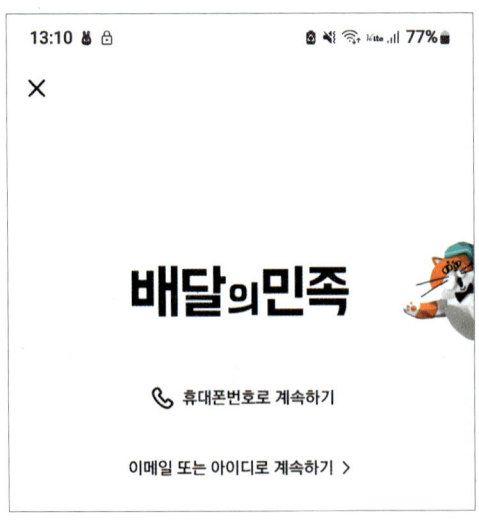

5) 이름을 입력합니다.

6) 주민번호 입력합니다.

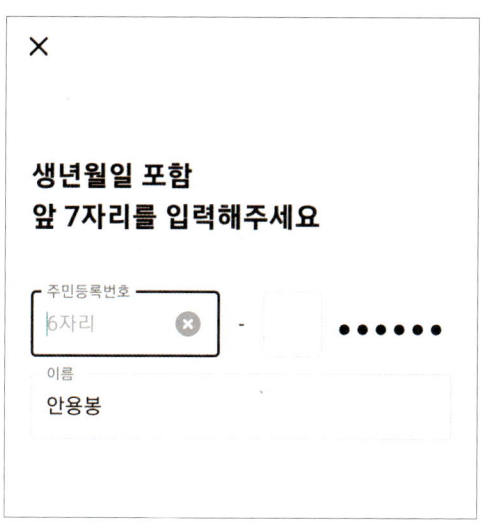

7) 휴대폰 번호 입력합니다.

8) 통신사 선택

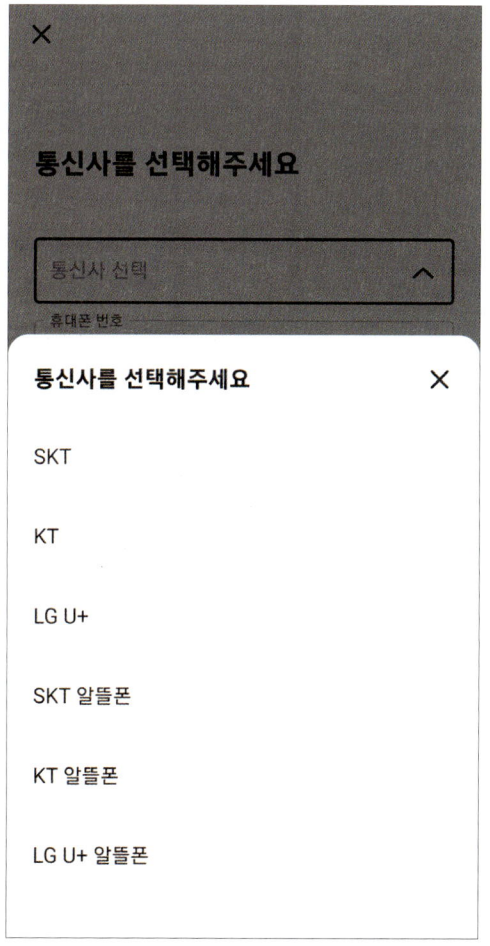

9) 본인인증하기

10) 전체 동의하고 인증하고 받기　　11) 메시지로 온 인증번호 입력합니다.
　　　　　　　　　　　　　　　　　　　인증번호 입력하자마자 로그인 됨

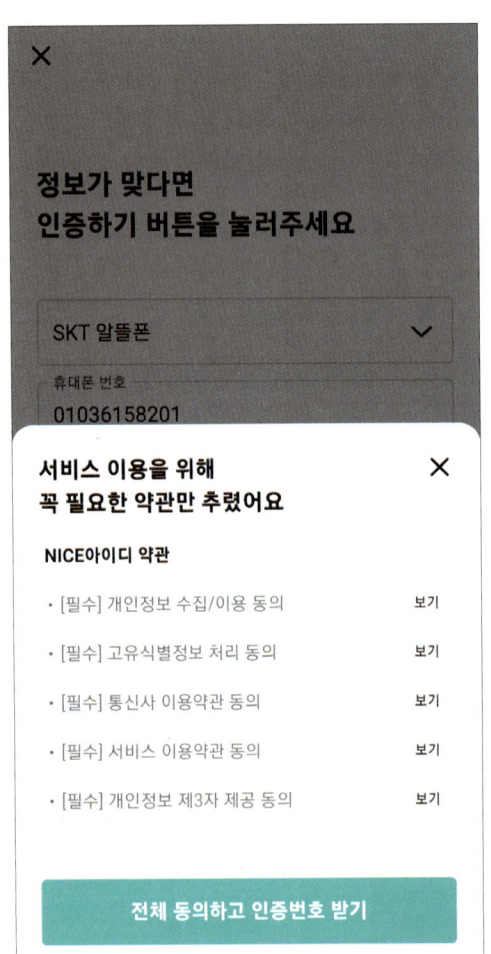
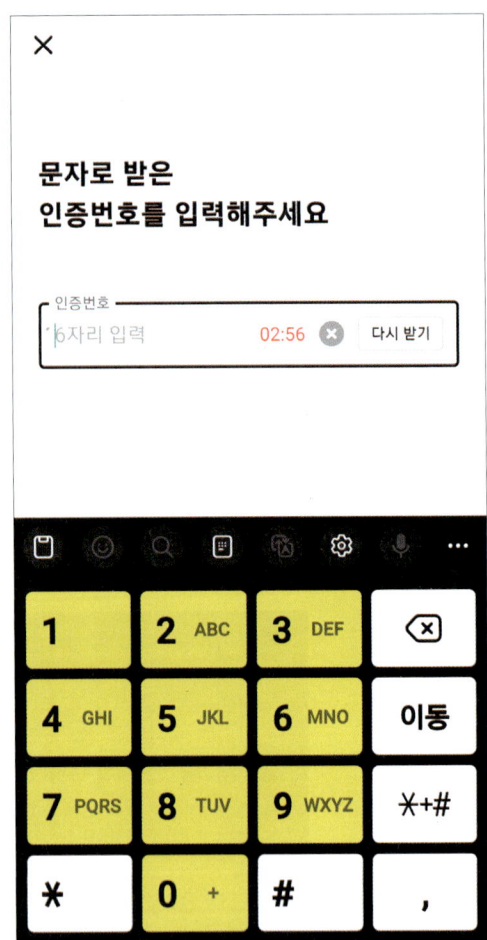

배달의 민족 [전체 동의하기] 선택　　아래 [동의하기] 선택

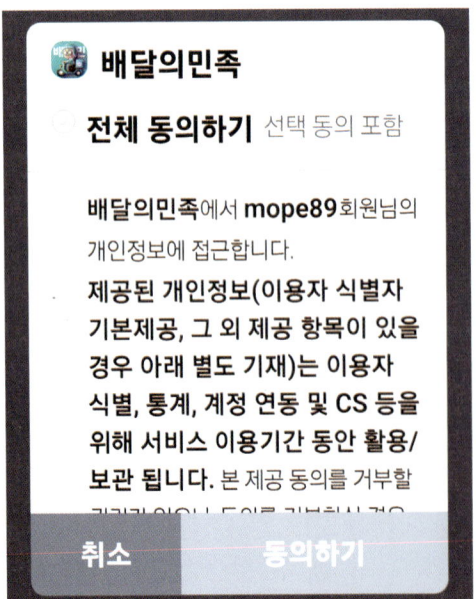
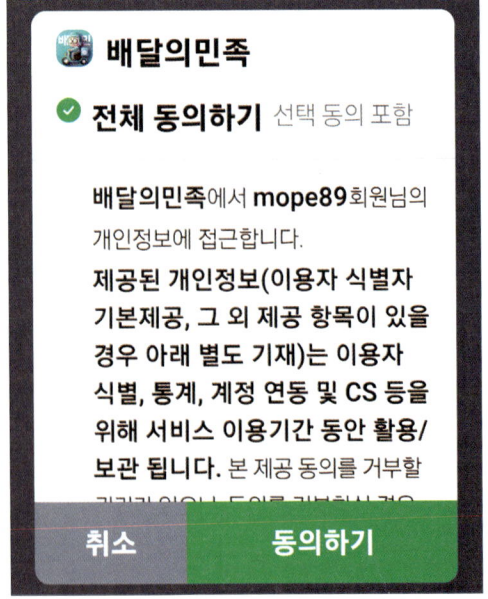

 배달의 민족 주문하기

1)

배달의 민족 실행

2) 메뉴 선택(예 버거)

3) 알뜰배달 선택

알뜰배달 : 여러 집 배달

한집배달 : 나에게 바로 배달

4) 세트 선택

5) 화면 아래로 내려갑니다.

6) 메뉴 선택합니다.

7) [[****** 원 담기]] 선택

8) ***원 장바구니 보기 선택

총 주문금액이 13,000원 이상이어야 하므로 다른 제품 더 추가합니다.

9) 추가 주문(+) 버튼 선택

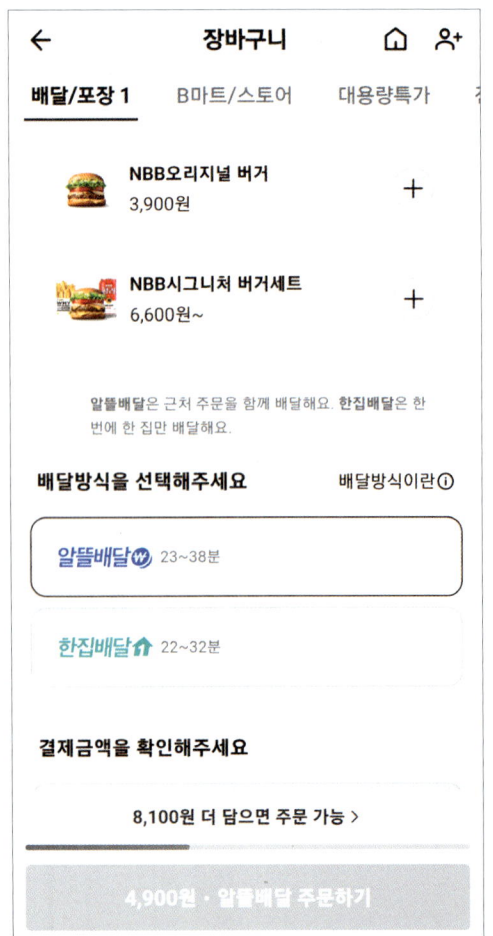

10) 13,000원 이상이면 아래 [주문하기] 선택합니다.

11) 안심번호 사용 선택합니다.
(안심번호 : 폰번호를 고객의 개인 전화번호가 노출되지 않도록 일회성으로 제공되는 0502 형태의 임시 전화번호)

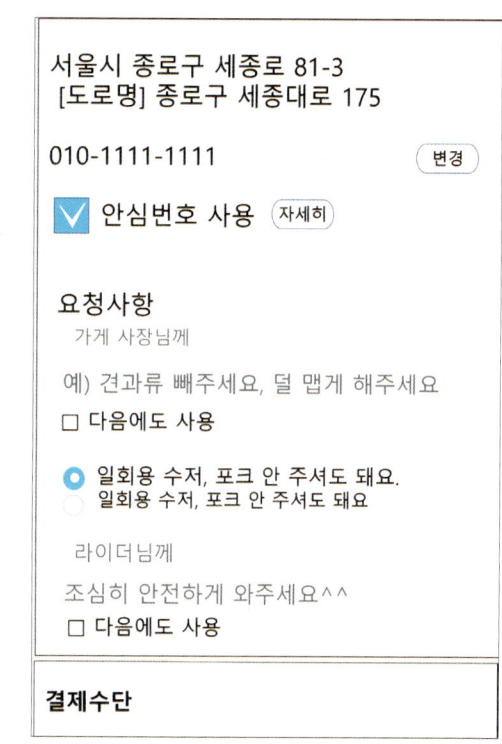

13) 다른 결제 수단 선택
배민페이 : 배달의 민족 전용 결제로서 미리 충전해놓으셔야 합니다.
[신용/체크 카드] 선택

14) 개인정보 제3자 제공에 동의합니다. 선택
15) 본인 확인 후 결제하기 선택

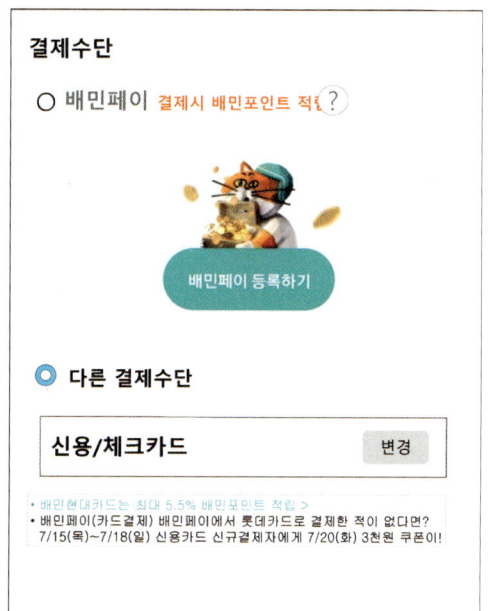

16) 휴대폰 인증하기   17) 통신사 선택

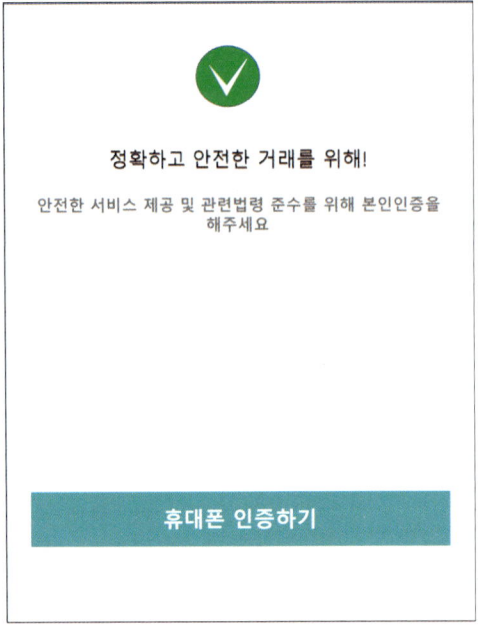 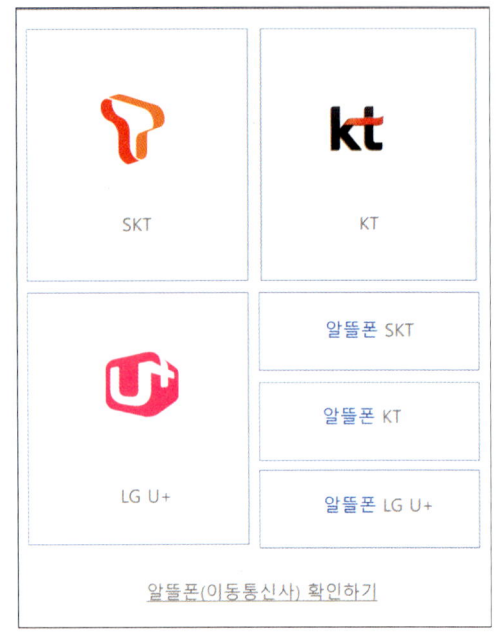

18) 통신사 이용약관 동의   20) 이름   21) 생년월일
19) [다음] 선택   22) 휴대전화번호   23) 인증번호 입력
                                 24) [확인] 선택

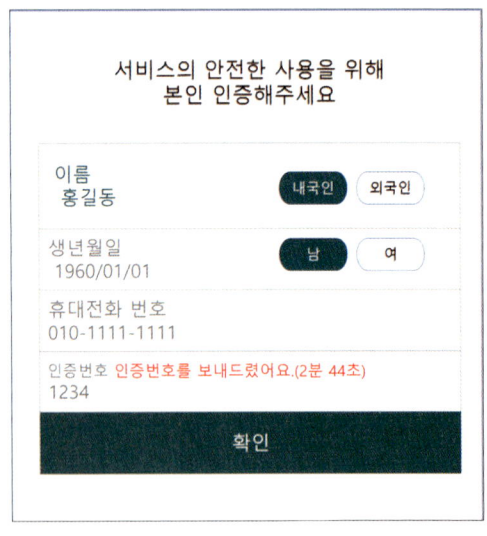

25) 개인정보 제3자 제공에 동의합니다. 선택

26) 전체동의 선택

25-1) 본인 확인 후 결제하기 선택

27) 카드사 선택

28) 결제하기 선택

29) 다른 결제 선택
30) 일반결제 선택

31) 백신설치 선택 (최초 한번)

32) 백신 실행 선택(최초 한번)

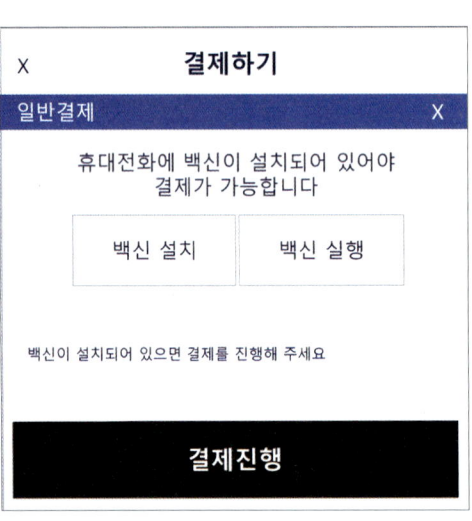

33) 카드번호 (16자리) 입력
34) CVC 번호 입력 카드 인증 코드
　(Card Verification Code)의 약자

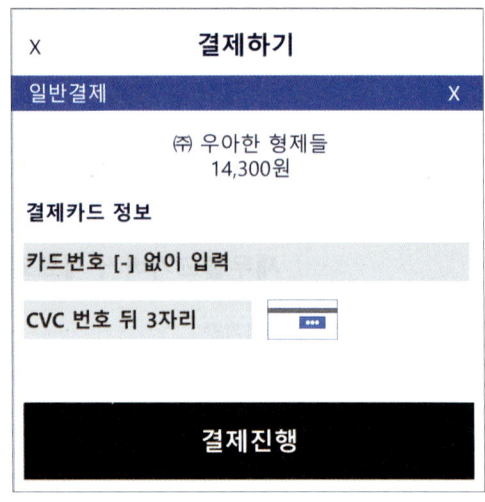

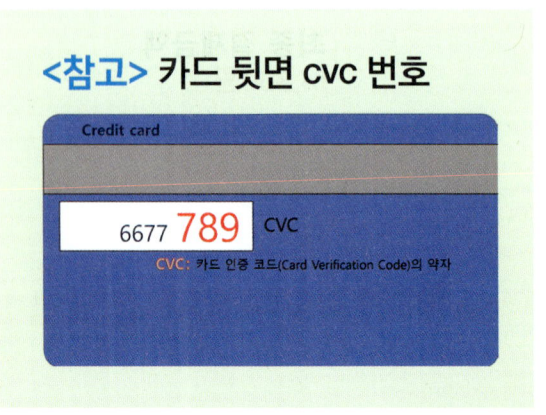

35) 일반결제 비밀번호 입력

36) 비밀번호 변경하시겠습니까?
[취소] 선택합니다.

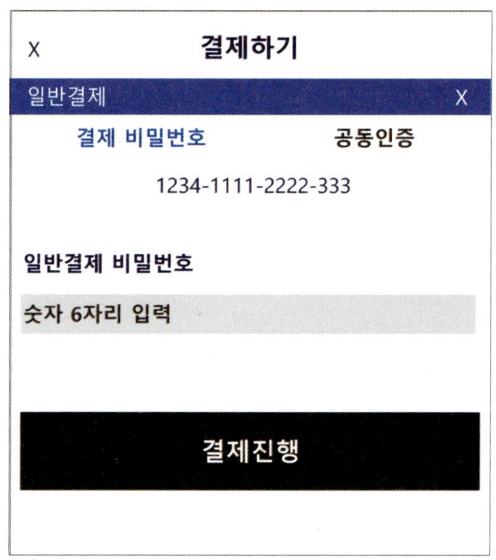
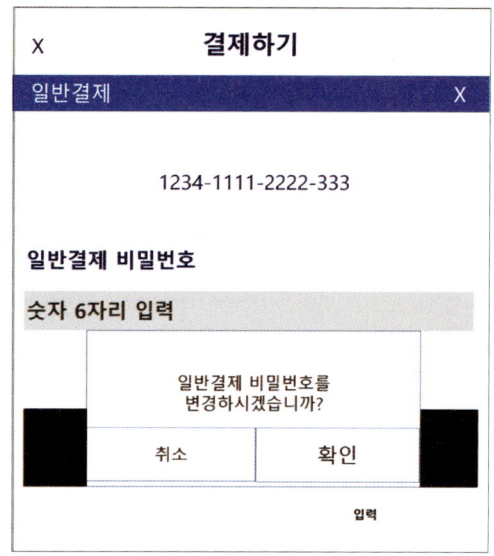

37) [다음] 선택

38) [확인] 선택합니다.

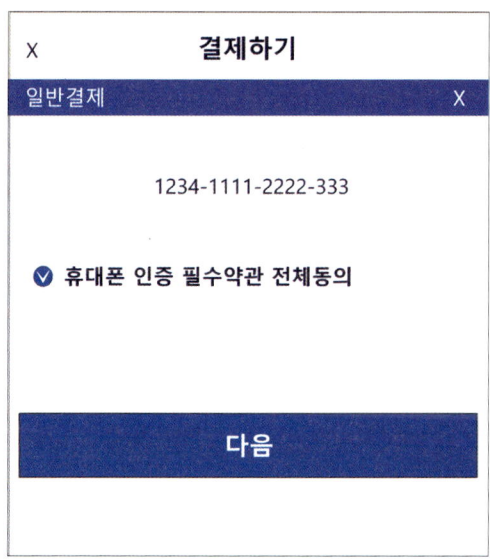
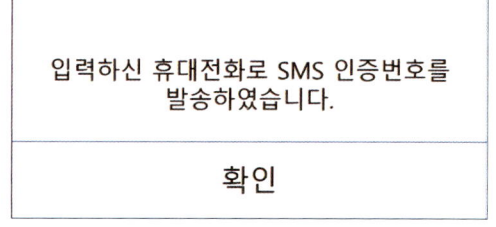

39) 이름
40) 통신사
41) 휴대폰번호 입력 후
42) 인증번호 발송 선택
43) 메시지 확인 후 인증번호 입력
44) [다음] 선택

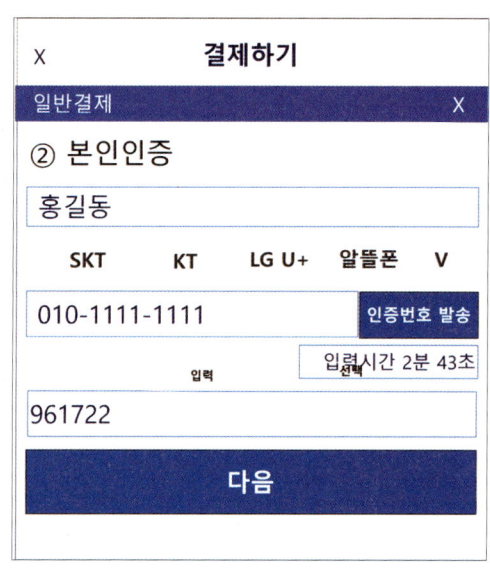

45) 일반결제 비밀번호 입력 다시 한 번 비밀번호 입력
46) 등록완료 선택

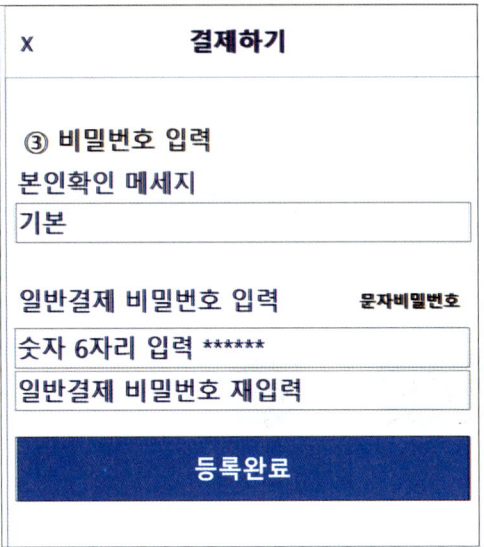

47) 일반결제 비밀번호 입력 다시 한 번 일반결제 비밀번호 입력
48) [결제하기] 선택

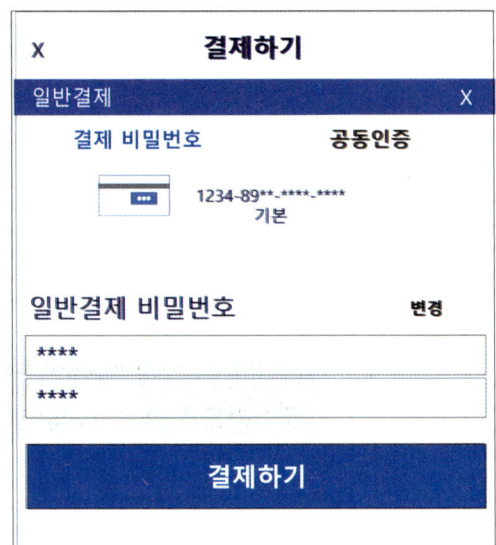

49) 주문을 확인하고 있습니다.

50) 주문 진행 중입니다.

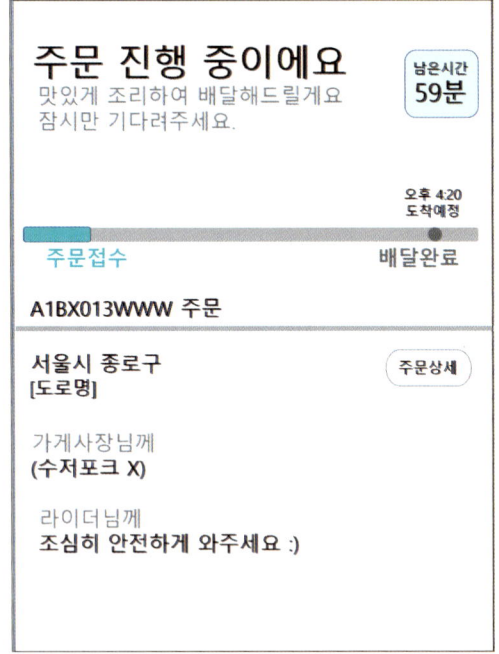

51) 주문 진행 중 확인합니다.

52) 주문상세 선택해서 상세내역 확인합니다.

53) 주문한 제품 확인합니다.

54) [배달현황] 선택

55) 도착예정 시간 확인합니다.

56) ***원 결제하기 선택하면 결제 완료 됩니다.
음식 받으셔서 맛있게 드시면 됩니다.

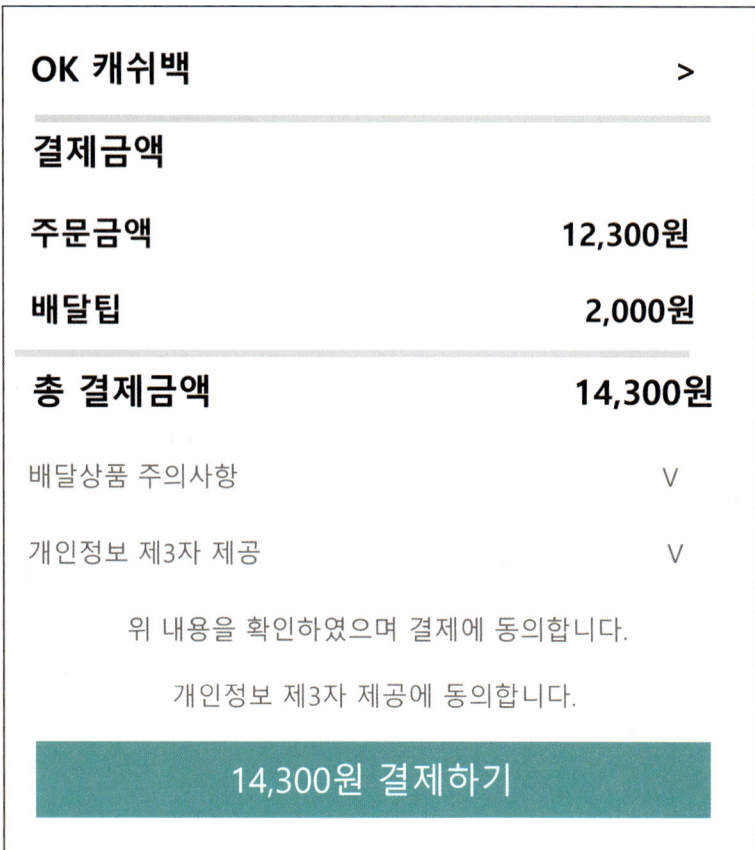

네이버 쇼핑에서 쇼핑하기

1) 네이버 앱 실행합니다.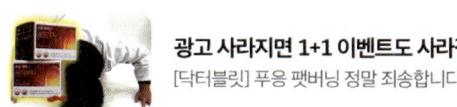

2) 왼쪽 상단 네이버 메뉴 버튼을 눌러주세요.

3) 네이버페이 선택

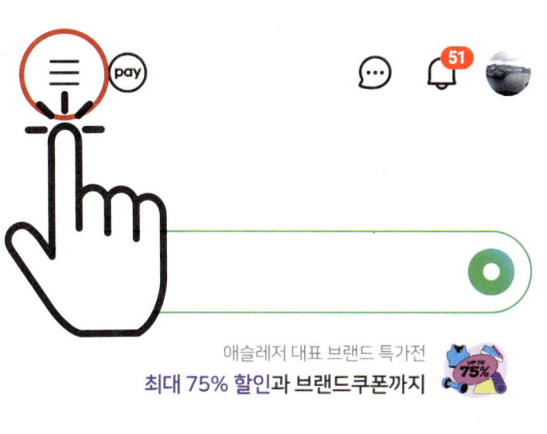

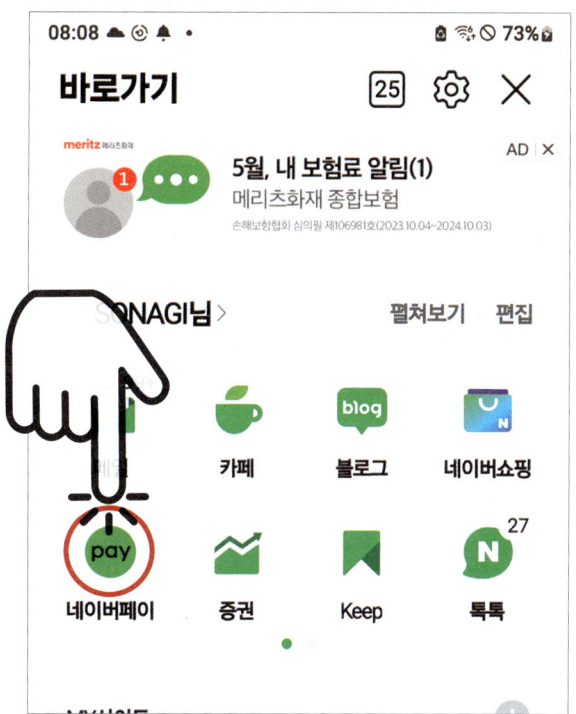

4) 오른쪽 상단 메뉴 버튼을 눌러주세요.

5) 왼쪽 상단 부분을 눌러서 네이버 로그인을 해줍니다.

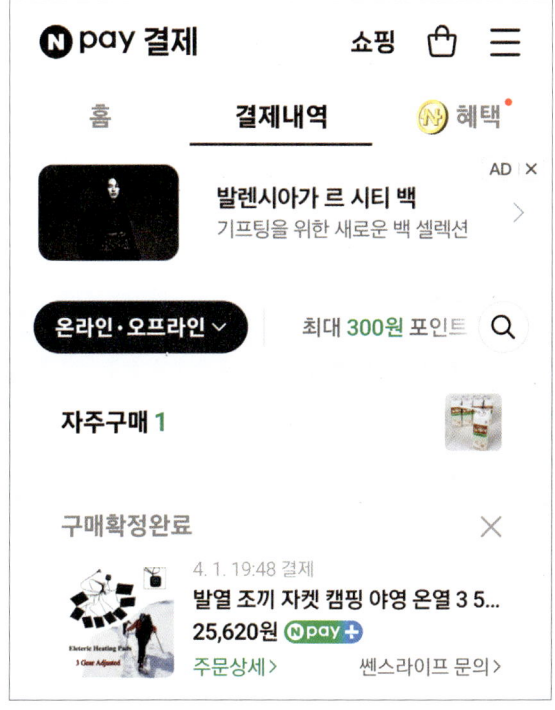

6) 페이 설정 내 정보를 선택합니다.

7) 배송지 등록을 눌러주세요.

8) 배송지명 입력합니다.
   (배송지명은 원하는 대로 입력해주세요)

9) 수령인 이름 입력합니다.

10) 배송지 부분은 주소 검색을 눌러주세요.

11) 주소 입력 칸에 터치합니다

12) 주소 일부분 (예 정자일로95) 입력합니다.
13) [검색]을 선택합니다.

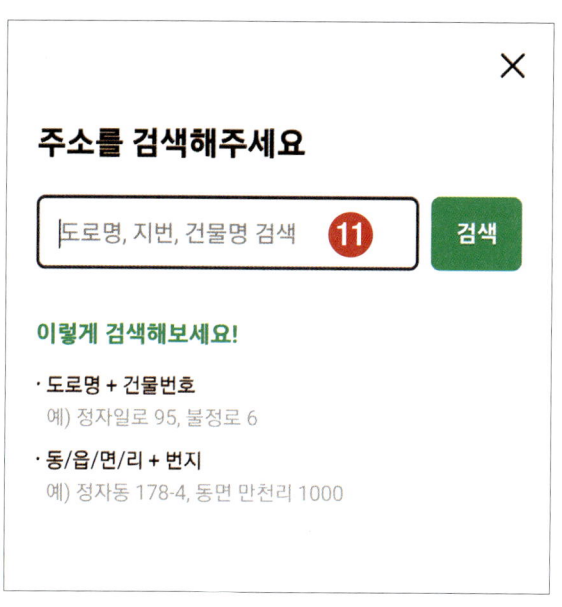
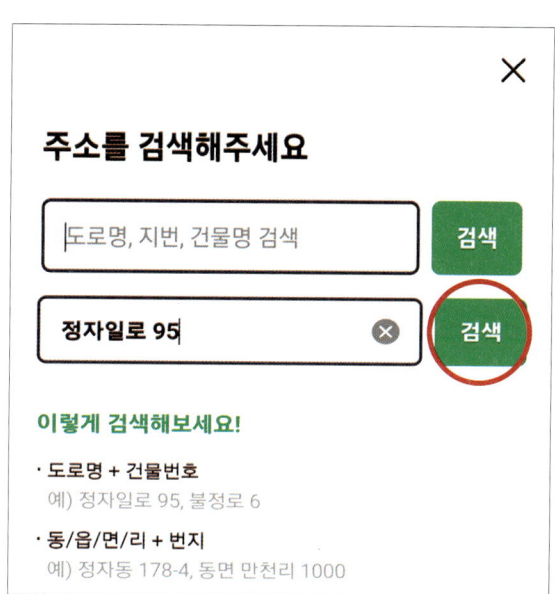

14) 검색된 주소 중 맞는 주소의 우측 [선택] 버튼 누릅니다.

15) 상세 주소를 입력합니다.
16) [확인] 버튼을 누릅니다.

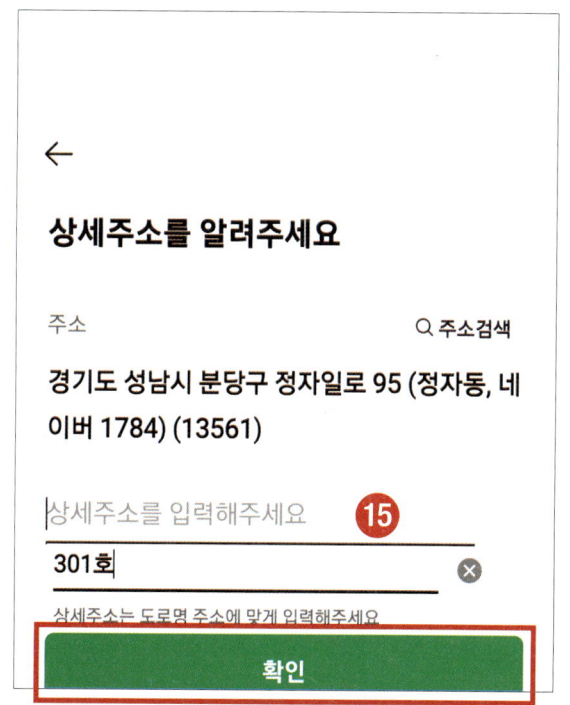

17) 연락처에 받는 사람의 스마트폰 번호를 입력해주세요
18) [기본 배송지로 설정] 체크합니다. 앞으로 이 주소가 기본으로 설정합니다.
19) 아래 [저장] 버튼을 눌러주시면 배송지 입력이 완성됩니다.

20) 이전 버튼(←)을 눌러 카드 등록 화면으로 이동합니다.

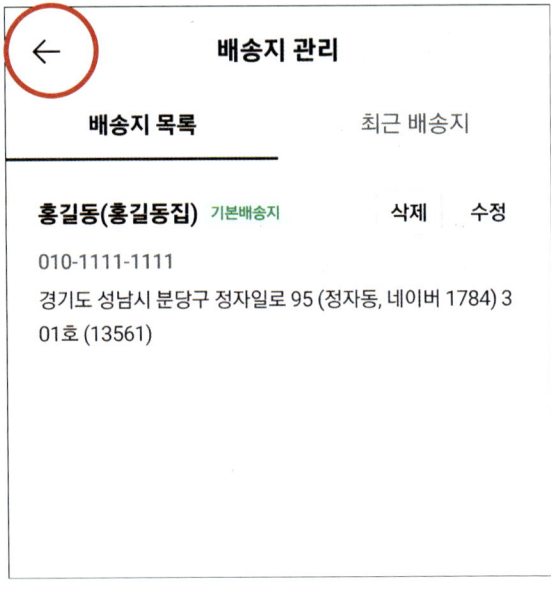

 ## 네이버 쇼핑 카드관리

1) 카드 관리를 눌러주세요

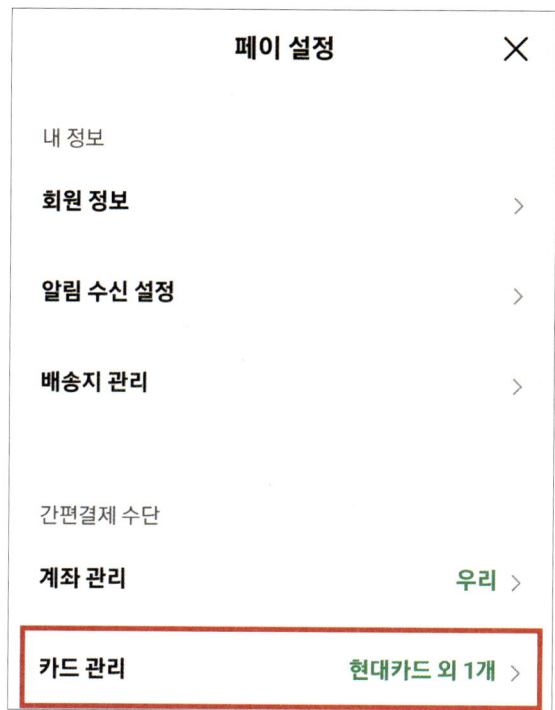

2) (+) 카드 등록하기를 눌러주세요

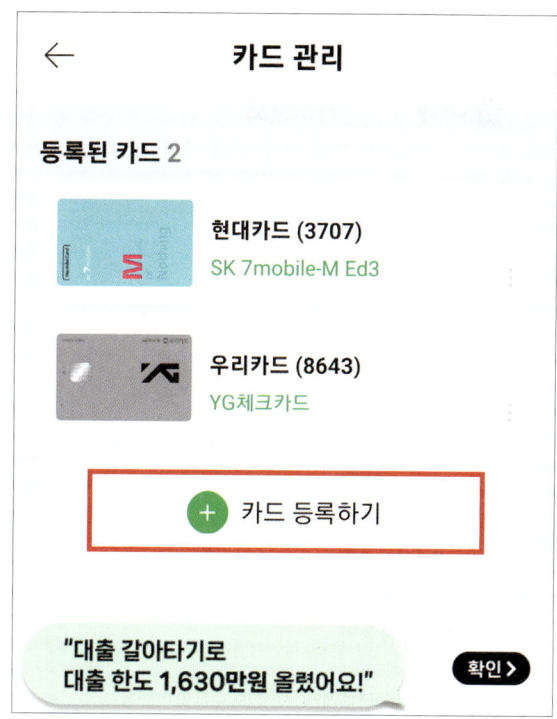

3) 카드 정보 입력 위해 [직접 입력] 선택합니다.

앞면

4) 카드 번호를 입력해주세요.

5) 유효기간 (MONTTH 월 / YYEEARR 연도) 입력해주세요.

6) 카드 비밀번호(앞2자리) 입력합니다.

7) **뒷면** CVC(세자리 숫자) 입력합니다.

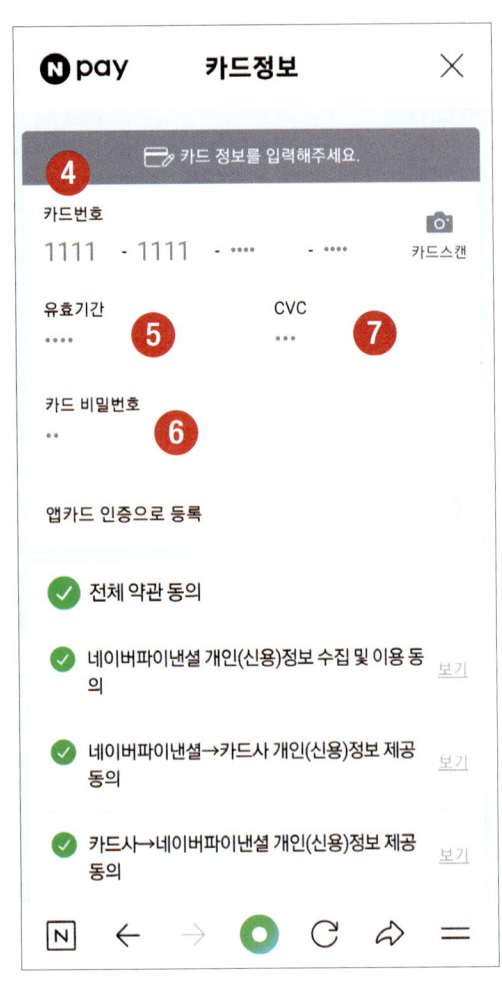

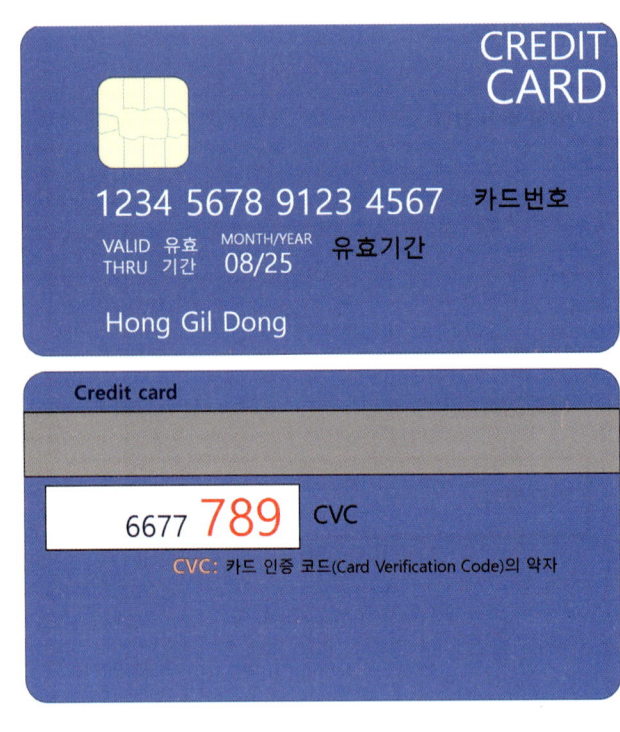

8) 전체 약관 동의에 체크합니다.

9) [완료]를 누르면 카드등록도 완성됩니다.

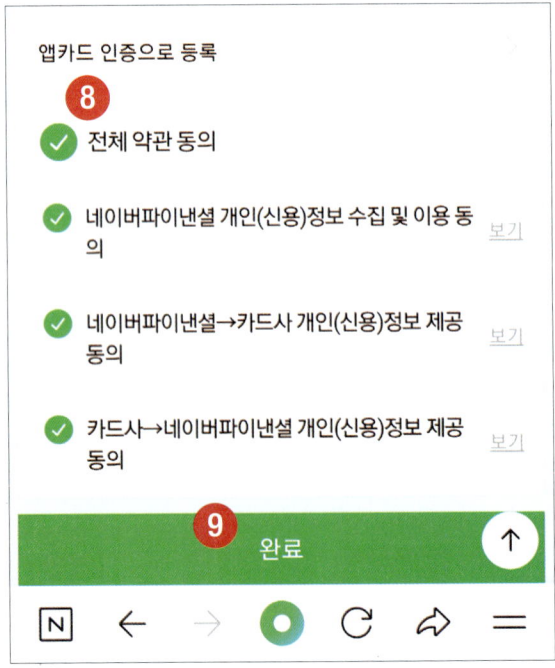

10) 카드사 선택합니다.

11) 비밀번호 입력합니다. 다시 한번 비밀번호 입력합니다. → 내정보, 카드 등록 완료됩니다.

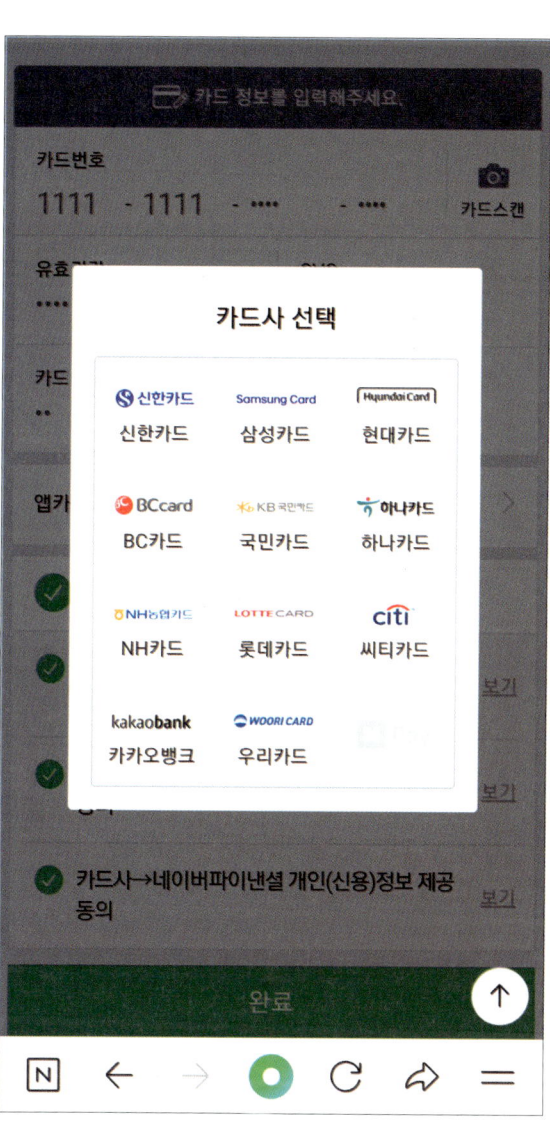

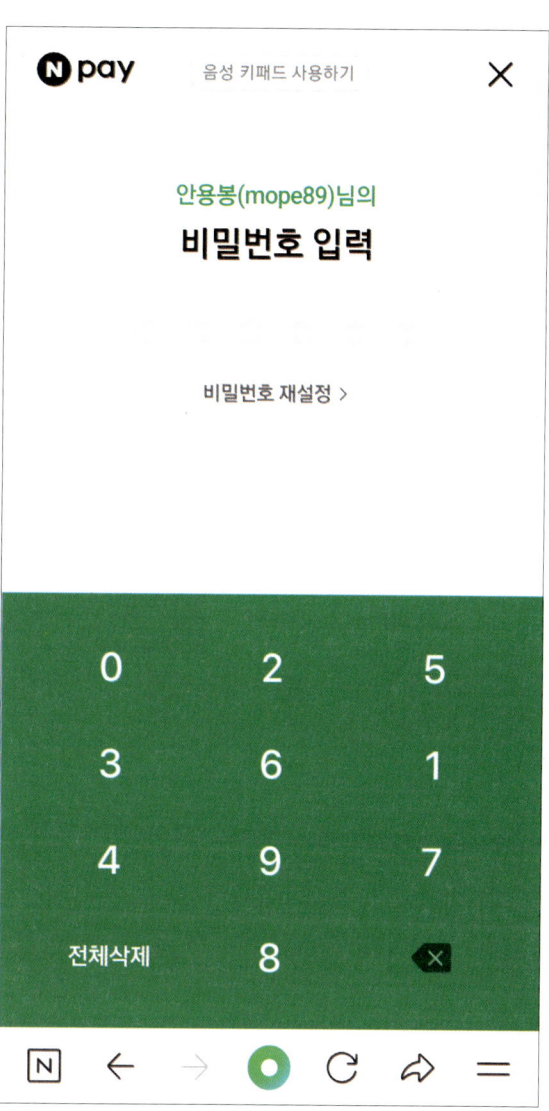

네이버 쇼핑 물건 구매 순서

1) 네이버 앱 실행합니다.

2) 하단 [쇼핑] 메뉴 선택합니다. 상단 쇼핑 검색 버튼 누릅니다.

3) 우측 상단 쇼핑 검색 버튼 선택합니다.

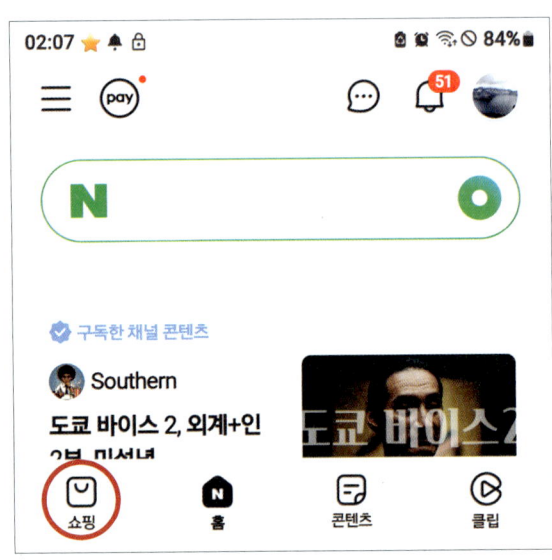
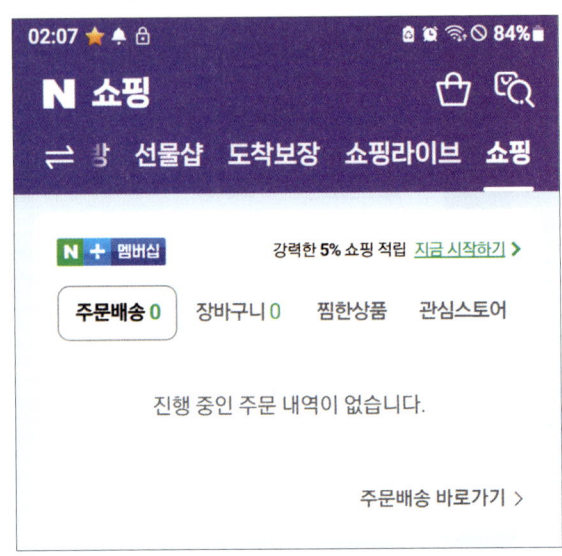

4) 검색창에 터치해서 커서 놓습니다.

5) '물티슈' 입력합니다.

6) 검색 버튼(돋보기 모양) 선택합니다.

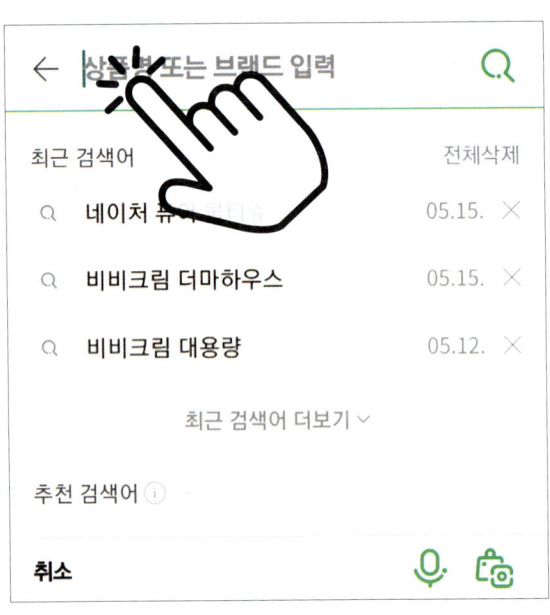
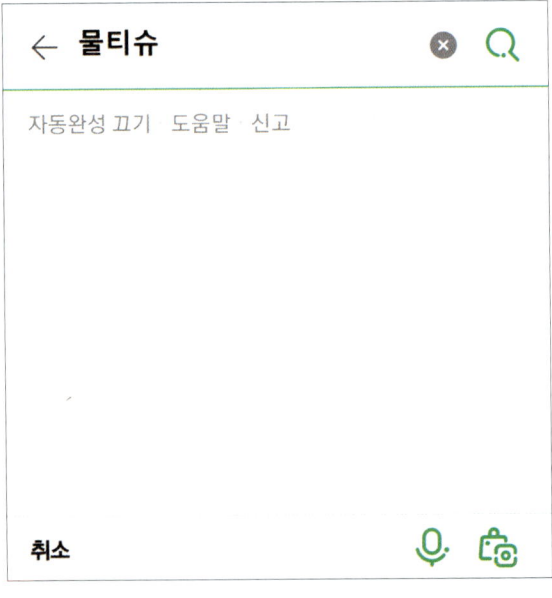

7) 구매할 상품 선택합니다.

8) [구매하기] 선택

9) 화면을 아래로 내려서 옵션 선택 버튼 (V) 누릅니다.

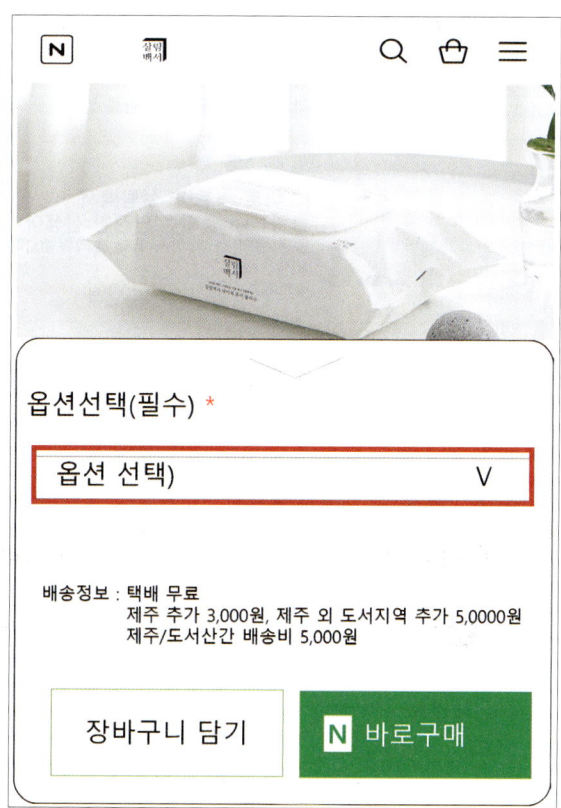

10) 옵션 중 추가 비용 없는 1번 체크박스에 터치해서 선택합니다.

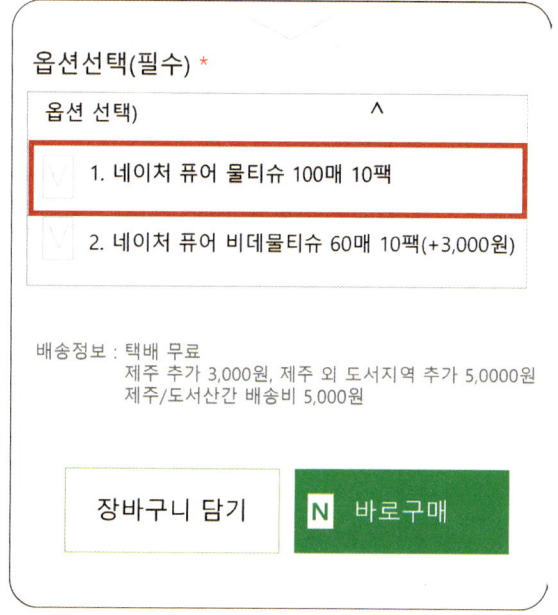

11) 화면 아래로 내려와서 수량 설정합니다.
11-1) [바로구매] 누릅니다.

12) 화면 아래로 내려와서 받는 사람, 연락처, 배송지 주소 확인합니다.

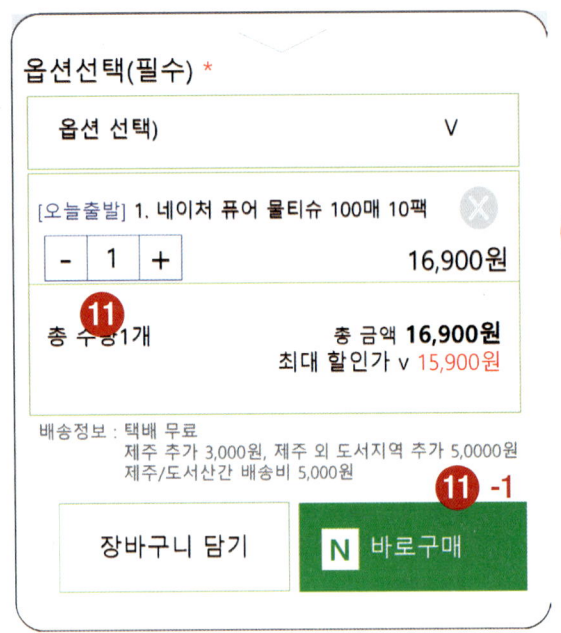

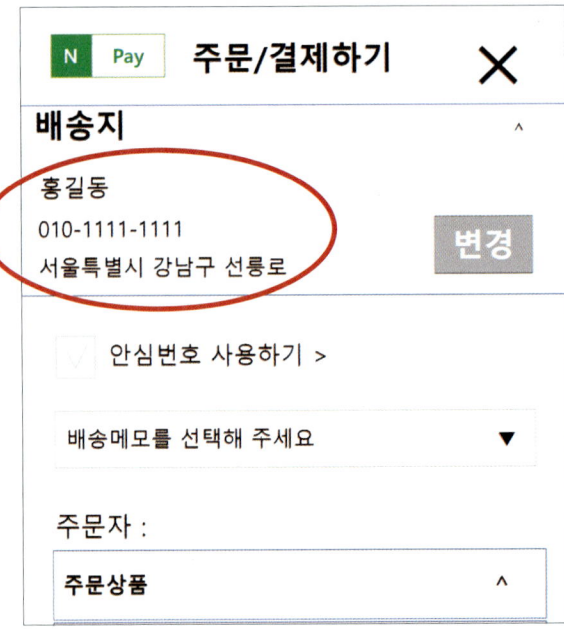

화면 아래로 내려와서
13) [배송 메모를 선택해 주세요 ▼] 선택해서
13-1) 문구 한 개 선택합니다.
  (예) 부재시 경비실에 맡겨주세요)

14) 화면 아래로 내려와서 주문상품, 금액, 주문금액 확인합니다.

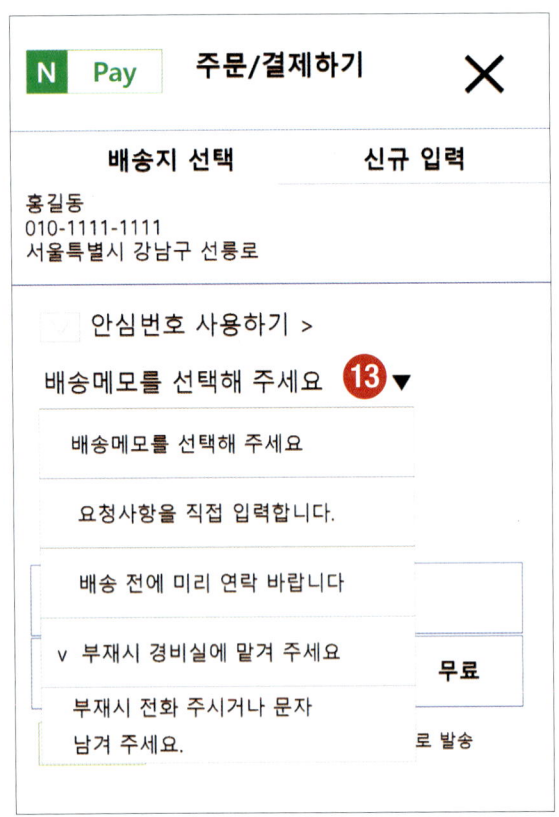

15) 화면 아래로 내려와서 결제 수단 중 [카드 간편결제]를 선택합니다.

16) 좌우로 밀어서 결제카드를 찾아서 선택합니다.

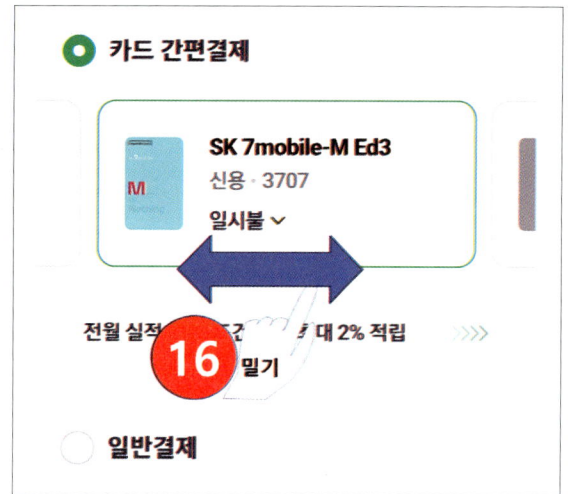

17) 화면 아래로 내려서 할부기간 선택합니다.

18) 미리 만들었던 간편결제 비밀번호를 입력하면 물건 구매 완료됩니다.

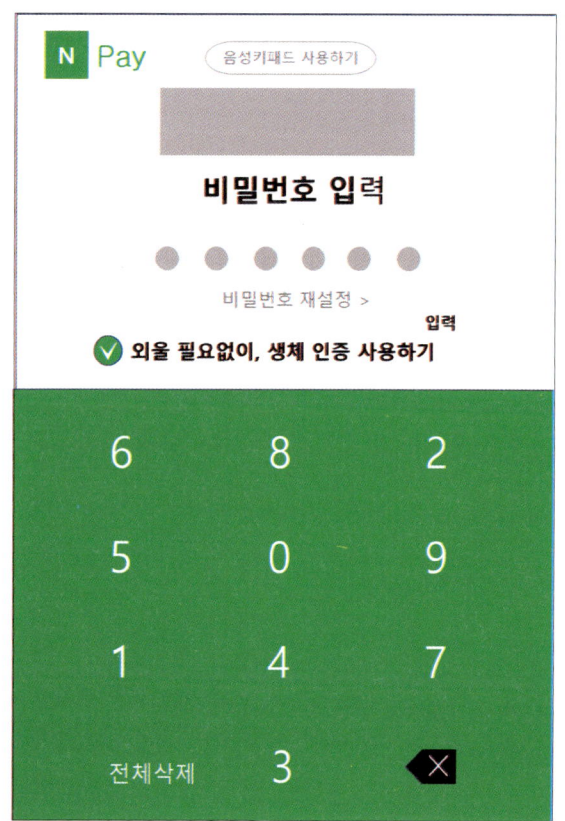

<참고>

6자리 비밀번호는 결제 시 입력하는 비밀번호입니다.

19) 결제 내역을 확인합니다.

결제 내역을 확인합니다.	
결제상세	∧

주문금액	15,900원
상품금액	27,900원
배송비	0원
쿠폰할인	-12,000원

카드 간편결제	**15,900원**

포인트 혜택	최대 598원
구매적립 ?	총 318원
기본적립	159원
파워적립	159원
리뷰적립 ?	최대 280원

동일 상품의 상품리뷰/한달사용리뷰 적립은 각각 1회로 제한됩니다.

IT기본용어

1	Seoul : 서울, Secure(시큐어) : 보안, BUS (버스), 맵(map) : 지도
2	와이파이 : **Wi-Fi**(무료 무선 인터넷) **Wire Less** - **Fidelity** 전선 없음 - 품질동일 (유선 인터넷과 비교)
3	Public(퍼블릭) : 공공용의, Free (프리):무료 Public Wi-Fi Free : 공공 와이파이 무료 Freezone(프리존) : 무료지역, 없는지역
4	모바일(Mobile) : 스마트폰, 움직이는, 이동할 수 있는, 데이터(Data) : 자료, 인터넷 연결 인터넷 사용할 수 있는 용량 모바일 데이터 : 모바일(스마트폰) 으로 데이터(인터넷 연결) 내 스마트폰 요금에서 자료 가져 올수 있는 양(한달 기준)또는 인터넷 연결 방법(와이파이로 인터넷 연결하면 무제한, 모바일 데이터로 연결하면 대략 1만 원어치 인터넷 사용가능) (주의) 사진 또는 동영상은 와이파이로 연결 시에만 감상하기
5	업데이트(Up Date) : 최신 것으로 올리기 올리기 최신 기존의 정보나 데이터를 수정·변경, 추가하는 일.
6	업그레이드(Upgrade) : 하드웨어 성능향상 시키는 것
7	디바이스(DEVICE) : 기계장치(스마트폰 또는 PC를 뜻함), 케어(care) : 관리, 보호
8	하드웨어(Hardware) : 볼 수도 만질 수도 있는 장치 예)모니터, 본체, 스마트폰
9	소프트웨어(Software) = 프로그램=앱=어플 : 화면상에서만 존재하고 다양한 목적과 기능 위해 만들어진 명령어들의 집합
10	계정(Account) : 각종 회원가입시주어지는 아이디(ID)와 비밀번호를 말함 또는 인터넷상의 자료 보관할 수 있는 저장공간을 말함
11	백업(Backup) : 어원은 뒤에(Back) 올려둔다(Up)는 뜻으로 자료의 복사본을 다른 곳에 따로 저장해 둠을 의미합니다.
12	클라우드(Cloud) : 언제 어디서나 인터넷을 통해 접근이 가능한 저장공간을 제공해주는 서비스 (왜 클라우드(구름)란 용어 썼을까? 구름에 보관하면 어디가 서든 내려서 볼 수 있기 때문)

저작권

저작권 있는 저작물(사진, 음악, 동영상 등)을 이용해서 1원이라도 이익을 취득하면 불이익을 받으실 수 있으므로 각별히 주의하시기 바랍니다.

저작권이란? 창작물을 만든 사람이 자신이 만든 창작물 즉 저작물에 대해 가지는 법적 권리입니다.

저작인격권

저작자만이 가지고 있는 고유의 권리로 양도 불가능

(공표권, 성명표시권, 동일성 유지권)

저작재산권

저작물을 재산처럼 사용할 권리

(복제권, 전시권, 배포권)

저작인격권은 상속 및 다른 사람에게 양도가 되지 않지만, 저작재산권은 상속 및 양도가 가능하며, 저작자의 생존하는 동안과 사망 후 70년간 존속합니다.

<참고> 저작재산권의 기간은 저작자의 사후 50년에서 70년으로 바뀌었는데, 이는 여러분이 잘 알고 있는 미키마우스의 저작권 시효를 늘리기 위해서였답니다.

세상에서 가장 쉬운
스마트폰 쉽게 배우기

발 행 일	2025년 1월 5일 초판 1쇄 인쇄
	2025년 1월 10일 초판 1쇄 발행
저　　자	안용봉
발 행 처	도서출판 IMK 
발 행 인	李尙原
신고번호	제 300-2007-143호
주　　소	서울시 종로구 율곡로13길 21
공 급 처	(02) 765-4787, 1566-5937
전　　화	(02) 745-0311~3
팩　　스	(02) 743-2688, 02) 741-3231
홈페이지	www.crownbook.co.kr
I S B N	978-89-406-4904-6 / 13000

특별판매정가　20,000원

이 도서의 판권은 크라운출판사에 있으며, 수록된 내용은
무단으로 복제, 변형하여 사용할 수 없습니다.
　　　　　　　Copyright CROWN, ⓒ 2025 Printed in Korea
도서출판 IMK는 크라운출판사의 계열사 브랜드입니다.

이 도서의 문의를 편집부(02-6430-7028)로 연락주시면
친절하게 응답해 드립니다.